사람은 왜
꿈을 꾸는가

꿈 과학 4천 년의 물음과 답

사람은 왜 꿈을 꾸는가

와타나베 쓰네오 지음 · 홍주영 옮김

끌레마 Clema

차례

9장 ⟫⟫⟫ 자각몽과 자기의식의 탄생 219

10장 ⟫⟫⟫ 꿈의 현상학 247

시작하며

영화 〈매트릭스〉의 물음

최근 컴퓨터 기술이 발달하여 소설이나 영화에서 가상현실을 다룬 작품이 눈에 많이 띄는데 그중에서 가장 크게 화제가 된 작품을 꼽자면 단연코 영화 〈매트릭스〉일 것이다.

주인공 네오는 마천루가 즐비한 도시, 미래 도시에 사는 컴퓨터 프로그래머이다. 어느 날 그는 검은 옷차림의 요원들에게 쫓기는 트리니티를 만나 사람들이 사는 세계는 인공지능 컴퓨터가 만들어낸 가상현실에 불과하다는 말을 듣게 된다.

그러고 보니 네오가 보기에도 이 세계는 간혹 뭔가 이상한 것 같았다. 예컨대 어제까지만 해도 평평했던 빌딩 벽면에서 갑자기 엘리베이터 문이 열리고 누군가가 자신을 감시하는 듯 느껴지더니 어느 순간 다시 엘리베이터가 평평한 벽면으로 보였던 것이다.

검은 옷차림의 요원들은 매트릭스를 관리하는 '프로그램'으로, 바이러스인 네오를 '제거'하기 위해 추격에 나선다. 그들의 추격을 따돌린 네오는 트리니티의 안내로 저항군 지도자 모피어스를 만나게 된다. 모피어스는 빨간 약과 파란 약의 캡슐을 보여주며 네오에게 선택을 하라고 한다. 네오는 그중 하나를 먹고 진실에 눈을 뜨게 된다. 인간을 배양하는 인큐베이터가 여러 개의 플러그로 연결된 채 무수히 늘어서 있는 광경을 보고 자신 역시 그중 한 인큐베이터에 들어있음을 발견한다. "아니, 이것이 이 세계의 진실이고 진짜 모습이란 말인가!"

바로 이것이 〈매트릭스〉 3부작을 통틀어 가장 인상 깊은 장면이었다. 몇몇 지인에게 의견을 물어봐도 이와 비슷한 반응을 보였고, 적잖은 사람들이 영화관을 나서면서 실은 이 세계가 가상현실의 세계가 아닐까 하는 의심을 품었다고 한다.

많은 사람들이 이 장면에 충격을 받았다면 그 이유는 우리 자신이 이와 유사한 일을 실제로도 겪었기 때문에 그런 것은 아닐까? 바로 꿈에서 깨어나는 순간에 말이다.

온몸에 눈알과 이빨이 잔뜩 달린 괴물에게 쫓겨 잡히기 직전 너무나 무서워서 소리를 지르다 눈을 뜬 순간, '아, 꿈이라 다행이다.' 하고 가슴을 쓸어내린 기억. 혹은 그 반대로 어마어마한 행운이 굴러들어와서 기뻐 날뛰다 눈을 뜬 순간, 아쉬웠던 경험.

예를 들자면, 한 친구가 학창 시절에 이런 꿈을 꾸었다고 한다.

어느 날 인도에서 편지가 한 통 날아왔다. 아주 부유한 마하라자가 세상을 떠났는데 어떤 경위인지는 몰라도 내 친구가 막대한 재산과 함께 마하라자의 지위를 물려받게 되었다고, 마하라자의 변호사가 알려온 것이다. 그는 편지에 적힌 대로 인도로 건너간다. 궁전에 도착하니 수많은 남녀 하인(?)들이 마하라자를 맞으려고 나와 있다. 좌우 두 줄로 늘어선 사람들이 보이고 그 사이로 깔린 꽃길을 걸으며 가다 보니 어느새 꽃길은 붉은 주단길로 바뀌며 으리으리한 궁전이 나왔다. 그는 앞으로 호사를 누리겠구나 하고 기대에 한껏 부풀었다.

바로 그 순간 꿈을 깨고 말았다.

"마치 구름 위를 걷다가 떨어진 것 같더군. 비유가 아니라 진짜로 비좁고 지저분한 내 방으로 뚝 떨어진 듯한 느낌이 들었어." 하고 친구는 이야기했다.

이 친구는 당시 마하라자 따위 상상조차 해본 적이 없었다고 했다. 이 꿈은 프로이트가 주장한 꿈의 기능 중 '소망충족설'(2장 참조)에 딱 들어맞는 것처럼 보인다. 하지만 왜 하필이면 평소 생각지도 않은 마하라자가 되는 이야기에다 변호사의 편지라는, 디킨스의 소설에나 나올 법한 설정이 덧붙었는지 도무지 짐작이 가지 않는다.

짐작이 가지 않는다 해도 의문은 남는다. 대체 왜 잠은 단순히 무의식 상태에서 취하는 휴식이 아니고 그 속에서 가상현실을 공들여 만들어내고 그 세계를 체험하는 것일까? 게다가 현대과학이 가르치는 바에 따르면(3장 참조) 우리는 하룻밤에 꿈을 네 번이나 꿀 수 있다고 한다.

사실 문명의 역사가 시작된 이래로 꿈만큼 사람들을 매료시켜온 신비한 대상은 별로 없을 것이다. '최고(最古)의 과학' 하면 보통 고대 메소포타미아와 이집트에서 일어나 고대 그리스 시대를 거치며 이미 체계를 갖춘 천문학과 기하학이 먼저 떠오를 것이다. 역사가 오래되기로 따진다면 꿈 과학 또한 이에 뒤지지 않는다. 4천 년 전으로 역사를 거슬러 올라가 보면 꿈 과학도 메소포타미아와 이집트에서 시작되었기 때문이다.

그래서 당연히 꿈에 관한 책도 아주 많이 있다. 그런 수많은 꿈 관련 서적에 덧붙여서 감히 여기에 또 한 권의 책을 내놓는 이유는 꿈 과학을 종합적이고도 역사적으로 다룬 일반 서적이 좀처럼 눈에 띄지 않기 때문이다.

우리가 흔히 접하는 꿈 관련 서적은 크게 두 가지 흐름으로 나눌 수 있다. 하나는 꿈의 의미가 무엇인가 하는, 이른바 꿈의 해석에 관해 쓴 책이다. 이는 프로이트와 칼 융으로 대표되는 심층심리학적 입장에 따라 쓴 책이지만 꿈의 의미를 해석하는 근거, 즉 증거가 충분히 제시되지 않으면 꿈 과학을 초자연적인 주술 같은 것으로 오해하게 만든다.

다른 하나는 렘수면의 뇌파 연구 등에 기초한 뇌생리학적 입장에 따라 쓴 책이다. 이것은 때때로 TV에 소개되면서 일반 대중에게도 친숙해진 분야인데 여기에는 꿈 과학보다 수면 과학의 색채가 더 짙게 깔려 있다.

그리고 이 두 흐름 사이에 본격적으로 다리를 놓으려는 시도는 거의 없었다고 봐야 한다.

나는 이 책을 통해 이 두 가지 흐름을 최대한 종합적으로 서술하고자 노력했다.

또한 꿈 과학이 고대로부터 역사적으로 이어 내려온 학문임을 다루고자 했다. 역사적인 맥락을 짚어야 비로소 과학이란 학문이 인류에게 어떤 의미가 있는지 이해할 수 있다는 것이 나의 신념이기 때문이다.

개인적인 경험을 털어놓자면 나는 청소년기 내내 물리를 좋아하려야 좋아할 수 없었다(그런 사람이야 많겠지만). 물리가 중요하다는 것을 알면서도 역학과 전기 공식에 대입해 문제를 푸는 일이 무미건조하게 여겨진 탓이다.

그래서 대학 진학을 앞두고 이과를 아예 염두에 두지 않았던 것은 아니지만 문과를 선택해서 철학과 심리학을 공부하기로 마음먹었다(그때만 해도 물리를 잘 못하면서 이과 반에 들어간다는 것은 상상조차 할 수 없는 일이었다).

바라던 대로 지망한 대학에 합격한 뒤 입학식 때까지 어중간한 나날을 자유롭게 지내던 어느 날 나는 서점에서 《PSCC물리》라는 두

권짜리 두툼한 책을 발견했다. 일본어 번역판으로 나온 미국의 고등학교 물리 교과서였다. 러시아의 스푸트니크 발사에 충격을 받은 미국은 우주개발 경쟁에서 러시아에 뒤처진 이유를 과학 교육에서 찾고 일상생활과 직결시킨 실용주의적 내용에서 원리 위주의 과학 교육으로 궤도를 수정했는데, 그 뒤에 내놓은 첫 성과물이 바로 그 교과서였던 것이다.

그 교과서에는 물리학의 역사가 그림으로 그려져 있었다. 그렇다고 해서 갈릴레오 갈릴레이가 '그래도 지구는 돈다'고 중얼거린다든지 뉴턴이 사과가 나무에서 떨어지는 것을 보고 만유인력을 발견했다든지 하는, 일화를 늘어놓는 식의 그저 그렇고 그런 역사 이야기는 아니었다.

주인공은 사고(=아이디어)이고 논리였다.

코페르니쿠스의 지동설이 나온 다음 갈릴레이의 운동방정식과 케플러의 천체운동법칙이 직소퍼즐을 맞추듯이 합쳐지고 나면 논리적 필연성에 따라 만유인력의 법칙이 등장한다. 내가 마치 뉴턴이 된 듯 사색의 길을 따라 걷다 보니 그 흐름을 한눈에 이해할 수 있었다.

그때 갑자기 무미건조한 수식으로만 보이던 역학 공식에 혼이 깃드는 듯한 느낌을 받았다. 근대 물리학의 탄생이 인류사상 최대의 드라마 중 하나임을 이해한 순간이었다. 그리고 이과계로 가지 않은 것을 아주 조금 후회했다.

이공계 사람들 중에는 역사를 암기 과목이라고 싫어하는 사람들이 꽤 있지만 이는 중 · 고등학교에서 배운 역사 교과서 때문에 빚어진 오해라고 봐야 할 것이다. 사물의 의미와 왜 그렇게 되었는가 하는 이유를 이해하려면 먼저 그것이 성립한 과정, 즉 역사를 알아야 한다. 인간을 포함한 생태계의 유구한 역사나 인류와 자연 간 공생의 역사를 무시한 기술과 산업개발이 얼마나 심각한 환경파괴를 야기했는지 그 사례만 생각해보더라도 그러하다.

그런 까닭에 이 책에 '꿈 과학 4천 년의 물음과 답'이라는 부제를 붙였다.

1장 '《길가메시 서사시》에서 시작하다'에서는 고대부터 근대까지 꿈 과학의 역사를 더듬으면서 현대의 꿈 과학에 어떤 중요한 주제가 내포되어 있는지 살펴볼 것이다.

2장에서는 꿈 과학사상 가장 큰 획을 그은 프로이트의 《꿈의 해석》(1900) 이후 꿈의 심층심리학이 어떻게 전개되었는지 그 과정을 그릴 것이다. 프로이트와 융의 심층심리학이 초자연적인 주술이 아니라 정교하고 치밀한 방법론이 뒷받침된, 자연과학과는 다른 의미에서 '또 하나의 과학'임을 생생히 밝힐 예정이다.

3장에서는 꿈 과학사상 두 번째로 큰 획을 그은 렘수면의 발견을 그릴 것이다. 뒤이은 4장에서는 렘수면의 발견과 같은 시대에 등장했지만 크게 주목받지 못한 미국의 심리학자 홀이 주장한 통계학적 연구(내용분석/시리즈분석)를 '또 하나의 꿈의 현대과학'으로 소개할 것이다.

5장에서 8장까지는 꿈의 현대과학 중 대표적인 주제인 렘수면의 기능, 렘수면과 기억, 꿈의 원천 같은 주제를 골라 소개할 것이다. 그 중에서도 8장 '꿈의 진화이론'에서는 인지신경과학과 꿈의 통계학적 연구, 그리고 진화심리학의 지식을 한데 모아 꿈은 무엇 때문에 꾸는가 하는 근본적인 물음에 답하겠다. 마지막인 9장과 10장에서는 나 자신의 자각몽 연구와 꿈의 현상학 같은 최근 연구 동향을 소개하고 향후 꿈 과학의 과제와 전망을 살펴볼 것이다.

1장

《길가메시 서사시》에서 시작하다

1

세계 최고(最古)의 서사시와 꿈 해석

문학의 가장 오래된 형태는 서사시였다고 한다.

왜 '시'였는가 하면 책이 없던 시대에 중요한 사건을 입에서 입으로 전하다 보니 암기하기 쉽도록 운문, 즉 시의 형태를 띠는 것이 편리했기 때문이다. 그렇게 해서 시의 형식을 갖춘 이야기는 이 마을 저 마을을 떠돌아다니는 음유시인에 의해서, 때로는 노랫말을 붙이고 때로는 악기 연주를 곁들여 노래로 불리며 시간이 지날수록 장대한 이야기가 되어갔다. 《일리아드》나 《오디세이》 같은 고대 그리스 문명을 대표하는 뛰어난 서사시도 이렇게 해서 완성되었을 것이다.

그러한 서사시 중 세계에서 가장 오래된 것이 《길가메시 서사시》이다. 이는 원래 수메르어로 쓰였으며 기원전 2000년경에 이룩된 것이라고 전해진다. 가장 온전한 판본은 아카드어로 번역된 판본으로, 아시리아의 수도 니네베에서 아슈르바니팔 왕궁의 서고 유적이 발견되었을 때 출토된 12개의 《길가메시 서사시》 점토서판이다(그림 1-1).

서사시의 주인공인 길가메시는 기원전 2700년 전부터 번창했던 고대 수메르의 도시국가 우루크의 왕으로, 실존 인물이었다. 이야기에 따르면 길가메시는 3분의 2가 신이고, 3분의 1은 인간이다. 힘과 용기에 관한 한 자신을 따를 자가 없다는 사실에 취해 오만에 빠져 횡포가 극에 달했다.

그래서 아누 신은 아루루 여신을 불러 길가메시에 대적할 만한 용사를 만들라고 명한다. 이에 여신은 진흙으로 털북숭이 엔키두라는

그림 1-1 **《길가메시 서사시》가 새겨진 점토판 중 하나** © The Trustees of the British Museum

영웅을 만들었다. 엔키두는 산양의 젖을 먹고 짐승과 벗하며 자랐다. 머잖아 그는 야수성을 벗고 인간처럼 지혜로워졌다. 그리고 엔키두는 우루크로 향했다.

엔키두가 우루크에 도착하기 전날 밤, 길가메시는 별이 자신에게 떨어지는 꿈을 꾸었다. 혼자 힘으로는 들 수 없을 만큼 별이 무거웠기에 우루크 사람들의 도움을 받아 겨우 별을 들어 올렸다.

길가메시가 우루크의 수호신인 어머니에게 이 꿈 이야기를 하니 어머니는 길가메시와 대적할 만한 자가 찾아올 거라고 풀이해주었다.

점토서판에는 직접 나오지 않지만(사라진 점토서판에는 나와 있을지도 모르지만) 우루크 사람들의 도움을 받아서 별을 들어 올렸다는 것은 그가 방약무인한 태도를 고치고 사람들과 협력해서 우루크를 잘 다스리게 된다는 뜻일 것이다.

이윽고 길가메시와 엔키두는 마치 황소처럼 싸웠지만 좀처럼 승부가 나지 않았다. 결국 서로가 서로의 힘을 인정하고 친구가 된다. 그리고 둘은 서쪽 숲에 사는 괴물 훔바바를 물리치러 떠나게 되는데 그때에도 길가메시는 꿈을 꾼다.

게다가 엔키두도 신들이 회의를 열어 자신의 운명을 결정하는 꿈을 꾼다. 그 결과 엔키두는 병에 걸려 죽고 만다. 이처럼 이 이야기에는 고비마다 꿈 해석이 등장한다.

그런데 이 서사시 점토판이 1872년에 출토되었을 때 고고학계는 떠들썩했다. 길가메시가 친구 엔키두의 죽음을 겪고 나서 영생의 비결을 알고 있다는 서방의 현자를 찾아가 이야기를 나누는 후반부 내용 때문이었다. 길가메시는 험난한 모험 끝에 현자 우트나피시팀을 만나서 이런 이야기를 듣는다.

> 아득한 옛날, 인류는 지금보다 번성했으나 타락이 극에 달하여 신들은 대홍수로 세상을 멸망시키기로 결정했다. 그리고 유일하게 의로운 사람이었던 우트나피시팀에게 큰 배를 만들어 모든 생물의 암수 한 쌍과 식물의 씨앗을 싣도록 명령을 내렸다. 이렇게 해서 우트나피시팀은 홍수에서 살아남아 신들에게 영생을 얻고 현생 인류의 조상이 되었다.

그림 1-2 **날개 달린 태양을 떠받치는 두 반신반수와 길가메시** 사진: Bridgeman Art Library/PANA

여기까지 읽으면 이 이야기가 구약성경 창세기에 나오는 노아의 홍수 이야기와 판박이임을 알아차리게 된다. 오늘날 창세기의 홍수 이야기가 실은 《길가메시 서사시》의 영향을 받았다는 것이 다양한 연구를 통해서 인정받은 바 있다.

그리고 꿈 해석에 관한 이야기는 창세기에도 등장한다. 길가메시의 꿈을 해석한 것보다는 창세기에 나온 꿈을 해석한 것이 더 유명할 것이다. 무대는 이집트이다.

2

이집트 파라오의 꿈

어느 날 이집트의 파라오(왕)가 기이한 꿈을 꾸었다.

그가 나일 강가에 서 있는데 살진 암소 일곱 마리가 나일 강에서 올라와 갈대밭에서 풀을 뜯고 있다. 그 뒤를 따라 야윈 암소 일곱 마리가 나일 강에서 올라와 살진 암소 일곱 마리를 먹어버린다. 그때 파라오는 꿈에서 깨어났다.

그가 다시 잠이 들어 두 번째로 꿈을 꾸었다. 밀대 한 줄기에 일곱 이삭이 나오는데 알차고 좋은 것이다. 그 뒤를 따라 마른 일곱 이삭이 나오더니 알찬 일곱 이삭을 삼켜버린다. 파라오가 눈을 떠보니 꿈이었다.

이에 파라오는 이집트의 주술사와 학자를 모두 불러 꿈 이야기를 했지만 그 꿈을 해석하는 자가 아무도 없었다. 그때 노예인 요셉을 불러오니 그가 꿈을 제대로 풀이했다. 그의 꿈풀이는 이러했다.

살진 암소 일곱 마리와 알찬 일곱 이삭은 7년 동안의 풍년을 뜻한다. 야윈 암소 일곱 마리와 마른 일곱 이삭은 7년 동안의 기근을 뜻한다. 두 가지 꿈은 하나이며 같은 의미를 띤다. 이집트에 7년간 풍년이 계속되고, 그 뒤 7년간 기근이 들어 이집트 땅에 들었던 풍년을 다 잊어버리게 되니 그 기근으로 이 나라가 멸망하리라. 그 꿈을 파라오가 두 번 연달아 꾼 것은 신이 이 일을 정하신 것이다. 그러니 풍년이 있는 7년간 식량을 비축해두고 뒤이어 닥칠 7년간의 기근에 대비해야 한다.

이 해몽 덕분에 이집트는 큰 기근에 대비할 수 있었다. 파라오는 크게 요셉을 치하하였고 요셉 일족은 크게 번성하여 이집트 땅을 가득 메웠다.

이것이 구약성경의 첫 권인 창세기에 나오는 요셉의 이야기이다. 요셉 일족이란 유대인을 가리킨다. 그 뒤 자손 가운데 모세가 태어나 그 일족을 이끌고 이집트를 탈출한 이야기는 잘 알려진 이야기이다.

창세기의 바탕이 된 자료는 기원전 8세기 무렵에 정리되었다고 하는데 그 이야기의 원전은 기원전 12세기 이전으로 거슬러 올라간다. 정확한 시기야 어찌 되었든 《길가메시 서사시》와 창세기의 홍수 이야기는 고대 오리엔트 사람들이 꿈을 어떻게 여겼는지를 상징적으로 보여준다.

> 꿈에는 의미가 있다. 단, 진짜 의미는 숨어 있으므로 해석 기법을 통해서 밝혀내야 한다.

꿈의 '유의미성'과 '해석 기법'. 이는 20세기 프로이트와 융이 내세운 심층심리학적인 꿈 이론에도 도입된, 꿈에 관한 기본 사고방식 중 하나이다. 우리도 여전히 이러한 방식으로 꿈에 관해 사고하고 있다고 볼 수 있다.

이 책 2장에서는 심층심리학적인 꿈 이론을 다루겠다.

3

《우파니샤드》와 순수 의식 상태

구약성경은 기독교와 이슬람교의 모체이기도 하다. 유럽을 포함한 유라시아 대륙의 서쪽 나라들 사이에서 구약성경은 이른바 유럽 정신문명의 근간이 된 고전 중의 고전이다.

그러면 중국, 인도 등 유라시아 대륙의 동쪽 나라들 사이에서 정신문명의 근간이 된 고전은 무엇일까? 그것은 기원전 8세기에서 기원전 3세까지 고대 인도인들이 쓴 《우파니샤드》이다.

이 책은 불교가 탄생하기 전에 인도를 정신적으로 지배했던 브라만교의 성전(聖典)으로 '오의서(奧義書)'라고도 한다. 《우파니샤드》와 불교 경전의 관계가 구약과 신약의 관계와 비슷한 면이 있지만 이 책은 성경 같은 종교서라기보다 철학적 사유가 풍부한 인류 최초의

철학서로 이름이 나 있다.

《우파니샤드》에도 꿈에 대한 고찰이 나온다. 단, 접근 방식은 창세기와 전혀 다르다.

《우파니샤드》에서 꿈이라는 화제는 '사람이 잠을 자는 동안 자아는 어떻게 되는가'라는 논의에 처음 나온다. 《우파니샤드》에서 자아(自我)는 아트만으로 불린다. 불교 경전에는 진아(眞我)로 번역되기도 한다. 수면은 꿈을 꾸는 상태와 꿈을 꾸지 않고 깊은 잠을 자는 숙면 상태로 나뉜다. 꿈을 꾸는 동안 아트만은 현실을 구성하는 오관(五官)의 세계로부터 각 요소를 조금씩 꿈 세계로 들여와 현실세계의 모형이라고 할 만한 자신만의 세계를 만들고 자신의 빛으로 그것을 비춘다.

《우파니샤드》에서도 약간 새로운, 석가모니 시대에 편찬된 것으로 보이는 '만두끼야 우파니샤드'에 따르면 인간의 의식에는 네 가지 상태가 있다. 깨어 있는 상태, 꿈꾸는 상태, 꿈 없이 깊이 잠든 상태, 순수 의식 상태이다. 이 중 깊이 잠든 상태는 주체와 객체의 경계가 허물어지고 무의식에 들게 되며 무한한 환희에 찬 상태이고, 순수 의식 상태는 앞선 세 가지 상태가 사라지고 그것을 초월할 때 나타나는 상태이다. 그리고 순수 의식 상태에서는 깊이 잠든 상태와 같이 환희에 찬 상태가 되지만, 무의식이 아닌 자신이 본성과 하나가 되었다는 명료한 의식이 있다.

훗날 이 순수 의식 상태는 흔히 삼매 혹은 선정(禪定) 상태로 설명된다. 감각과 지성을 초월한 의식 상태이다.

이처럼 《우파니샤드》에는 꿈을 풀이하는 이야기는 거의 나오지 않는다. 그 대신에 꿈의 메커니즘 탐구가 선행되어 있다. 그다음에 의식을 각성, 꿈, 숙면, 순수 의식 상태로 나누고 그 자체를 주제로 다루었다.

꿈을 어떻게 해서 꾸게 되는가 하는 메커니즘 탐구는 1950년대 렘수면을 발견한 이래로 최근 신경과학의 눈부신 발전과 더불어 과학적 연구의 중심축으로 자리 잡았다. 이것을 이 책 3장에서 최근의 새로운 연구 동향과 함께 소개할 것이다.

한편 순수 의식 상태 하면, 오늘날 명상이나 샤머니즘, 약물에 의한 트랜스 상태 등 평소와 다른 의식 상태로 들어가는 의식의 변용 상태(Altered States of Consciousness, 약어는 변성 의식)가 관심을 모으고 있다. 오래도록 과학의 연구 영역 밖에 존재했던 '의식'을 과학적이고 체계적인 학문으로 자리매김하게 하고 투손 회의(Tucson Conference, 정식 명칭은 Toward a Science of Consciousness) 같은 의식에 관한 국제회의도 정기적으로 열리기 시작했다. 의식을 다각적으로 이해하려면 꿈과 아울러 의식변용 상태를 반드시 연구해야 하고 또한 의식을 충분히 이해해야만 비로소 꿈이란 무엇인가 하는 물음에 답할 수 있을 것이다. 이에 대해서는 9장에서 다루기로 한다.

4

장자의 호접몽

동아시아 문명의 근간이 된 고전은 고대 인도의 것만 있는 것이 아니다.

중국에서는 은나라, 주나라로 이어지는 고대 왕조가 몰락하고 진시황제가 통일하기 전 2세기 동안 끊임없는 전란에 시달릴 때 독창적인 사상을 전개한 제자백가가 있었다. 그중에서도 후세에 영향을 끼친 이들이 유교의 기틀을 마련한 공자 · 맹자, 도교의 뿌리인 노장사상의 노자 · 장자이다. 특히 장자(기원전 4세기~기원전 3세기 추정)는 현실주의적 경향이 강한 중국에서 거의 유일하게 심오한 형이상학적 사유를 개진한 사람이다.

장자의 사상을 이야기 형식으로 펴낸 《장자》(기원전 4세기 무렵에 저술)에는 다음과 같은 내용이 실려 있다.

> 지난밤 장주(나)는 꿈에 나비가 되었다. 훨훨 나는 나비였다. 마냥 즐겁게 꽃 사이를 날아다녔는데 기분이 아주 좋아 내가 나인 줄도 몰랐다.
>
> 그러다 꿈을 깨고 보니 틀림없는 장주였다.
>
> 인간인 내가 꿈에 나비가 된 것인가. 아니면 나비가 꿈에 인간인 내가 된 것인가.
>
> 장주와 나비는 구별이 있어야 하거늘, 그럼에도 불구하고 구별이 없는 까닭은 무엇인가.
>
> 다른 것이 아니다. 이것이 이른바 만물의 변화라는 것이다.

너무나도 유명한 장자의 호접몽이다. 동양에서는 흔히 인생을 꿈에 비유했는데 호접몽이 가장 앞선 예이다. 심지어 이 이야기는 인생이 꿈처럼 덧없음을 한탄만 한 것이 아니라, 어느 것이 꿈이고 어느 것이 현실인지 당당히 의문을 던진다.

여기에는 이미 '꿈의 존재론'이라고 부를 만한 관점이 나타나 있다. 참고로 존재론(ontology)이란 '존재하는 실재는 무엇인가'를 탐구하는 철학의 한 분야이다. 그래서 꿈의 존재론은 '꿈속 세계는 무슨 의미가 있는가', '이 세계가 꿈이 아니라 현실에 존재한다면 어떤 방식으로 존재하는지 밝힐 수 있는가'와 같은 철학적 질문을 다룬다.

지금까지 꿈의 존재론은 꿈 과학의 연구 영역에 속하지 않았다. 그 존재론을 과학이 아닌 철학으로 간주했기 때문일 것이다. 하지만 현대에서는 존재론을 연구하는 데 현상학이라는 이름의 과학적인 접근 방법을 시도하고 있다. 이 책 '10장'의 '꿈의 현상학'이란 관문을 통과하면 꿈의 존재론이 기다리고 있을 것이다.

꿈의 해석학, 꿈의 메커니즘 규명, 꿈의 의식 과학, 그리고 꿈의 존재론. 이렇게 보면 고대 세계에 이미 꿈 과학의 연구 영역이 총망라되어 있었음을 알게 된다. 다만 이 가운데에서 뭐니 뭐니 해도 현대의 꿈 과학과 직결된 것은 고대 오리엔트에서 시작된 꿈 해석학의 계보일 것이다. 그러면 이제 이 계보가 어떻게 해서 프로이트의 심층심리학으로 발전해나가는지 살펴보자.

5

아르테미도로스의 《꿈 해석》

오리엔트 지방에서 시작되어 고대 지중해 전역에 널리 퍼진 꿈 해석과 그 방법론은 기원전 2세기쯤 아르테미도로스가 쓴 《꿈 해석》(국내에는 《꿈의 열쇠》(아르테, 2008)로 출판되었다_역자)에 집대성되어 있다.

아르테미도로스는 그리스인이다. 기원전 2세기 무렵, 그리스는 로마제국의 지배를 받고 있었다. 그러나 오히려 정복자였던 로마인이 그리스의 찬란한 문화에 매료되어 그리스 문화가 드넓은 로마제국을 통해 지중해 전역으로 그 판도를 넓혀나갔다.

그 책에 따르면 꿈에는 다섯 종류가 있다. 바로 꿈, 환영, 신탁, 공상, 환상이다.

꿈이란 변용된 내용 속에 내포된 진실을 찾아낼 수 있는 것을 말한다. 예컨대 요셉이 풀이한 파라오의 꿈이 이에 해당한다고 볼 수 있다.

환영은 한낮의 환영을 가리키며 깨어 있으면서 꾸는 꿈이다.

신탁은 신이 천사나 성자를 통해 자신의 뜻을 나타내는 것이다. 신탁이 '꿈'과 다른 점은 해석할 필요가 없다는 것이다.

공상이란 감정이 매우 격해 있거나 자다가 몹시 흥분되는 순간에 나타나는 것으로, 정신적으로 예민한 상태에 있을 때 일어난다. 그래서 낮에 골똘히 생각했던 일을 밤에 자는 동안 꿈으로 보게 된다. 예를 들어 사랑에 빠진 젊은이는 낮에 연인 생각만 하다가 밤이 되어 잠이 들면 꿈에 그 연인을 본다. 하루 종일 절식한 사람은 먹는 꿈을 꾸고, 낮에 목이 말랐던 사람은 마시는 꿈을 꾸며 그 갈증을 해소한다. 가난한 사람이나 낭비벽이 있는 사람은 지갑에 금화가 가득 든 꿈을 꾸거나 심지어 잠꼬대까지 한다.

환상이란 오로지 밤의 환영이다. 몸과 마음이 허약한 아이나 어른에게 나타날 수 있는데, 이를테면 정체를 알 수 없는 괴물이 덤벼드는 것처럼 헛것이 보이는 것이다.

위 다섯 가지 중 꿈과 신탁은 초자연적 현상에, 공상은 심리학에 근거해 해석한 것이다. 이들은 나중에 서술할 프로이트의 소망충족설과 맥이 닿는다. 환상은 프로이트 시대에는 잘 몰랐던 듯한데 오늘날의 지식으로 미루어 보면 흔히 동양의 가위눌림, 서양의 나이트메어, 캐나다 뉴펀들랜드 섬의 올드 해그(old hag) 같다.[1] 또한 그 책에는 생리심리학적 메커니즘도 잘 규명되어 있다. 이 책 3장에 나오는 렘수면은 보통 잠든 지 한 시간이 지나면 들게 되는 수면 상태이지만, 이 렘수면이 잠든 직후에 나타나면 가위눌림이 발생한다.

아르테미도로스의 꿈 해석 중 프로이트가 높이 평가한 사례는 알렉산드로스 대왕의 꿈을 풀이한 사례이다.

알렉산드로스 대왕은 기원전 3세기 마케도니아의 왕이었다. 당시 오리엔트 지역을 지배하던 페르시아 제국을 멸망시키고 동쪽으로는 인더스 강 유역을, 서쪽으로는 그리스를, 남쪽으로는 이집트를 정복하여 세계 대제국을 건설했다. 이 원정 때문에 동서 교류가 활발해졌고 특히 인더스 강 유역에서는 불교와 그리스 미술의 만남으로 초기 불교에 없었던 불상이 제작되기 시작했다. 일본 도쇼다이지(唐招提寺: 일본 나라 현, 나라 시에 있는 절, 759년에 창건_역자)의 엔타시스(기둥 중간 부분의 배를 불룩하게 만든 그리스 신전의 건축 양식)에도 당시 문화 교류의 흔적이 남아 있다.

알렉산드로스 대왕이 이끄는 군대가 다다넬스-보스포러스 해협을 건너 페르시아 영토에 진입했을 때 티로스(티루스) 도시는 굴복하지 않고 끝까지 저항했다. 당시 도시는 성채로 둘러싸여 있어서 방어벽을 뚫기가 매우 힘든 상황이었다. 공격에 지쳐 신경이 곤두선 알렉산드로스는 어느 날 밤 사티로스가 자신의 방패 위에서 춤을 추는 꿈을 꾸었다. 사티로스는 그리스 신화에 나오는 괴물로, 얼굴은 사람이지만 머리에 뿔이 나 있으며 하반신은 염소의 모습을 하고 술과 춤을 좋아하기로 유명하다.

곧바로 알렉산드로스는 군대에 동원한 점술가들을 불러 꿈을 풀게 했다. 그때 한 점술가가 사티로스를 '사'와 '티로스'로 나누면 이 말은 그리스어로 '티로스는 그대의 것(sa tyros)'이란 뜻이니 함락에 성공할 것이라고 해석해주었다. 여기서 그대란 말할 것도 없이 방패의 주인인 알렉산드로스를 가리킨다. 이 말에 큰 힘을 얻은 알렉산드로스는 결국 티로스를 함락시켰다.

프로이트가 이 사례를 높이 평가하는 이유는 예컨대 불이 나는 꿈을 꾸면 부자가 된다는 식의 꿈과 그 의미를 일대일로 대응시켜 해석한 것이 아니라 먼저 꿈의 부분적 요소에 초점을 맞추고 여러 가지 연상법을 활용하여 꿈을 전체적으로 해석했기 때문이다. 부분적 요소를 '주의 → 연상 → 연상 결과'에 따라 종합하는 방법이야말로 프로이트의 꿈 해석 기법이다. 실제로 아르테미도로스는 (꿈을 해석하는 데) 일반화시킬 수 있는 것과 없는 사례를 따로 묶고 개인이 처한 상황이나 인식에 따라 해석을 다르게 했다. 이것은 상당히 심오한 고찰이다. 그 뒤 아르테미도로스의 책은 중세를 통해 해몽서의 베스트셀러가 되었다. 그러나 그의 고찰을 망각하고 책에 나온 대로 꿈과 그 의미를 기계적이고 단순하게 해석하는 바람에 결국 책은 미신으로 전락하고 말았다.

6

근대의 꿈 연구

중세의 꿈 이론은 대부분 고대의 이론을 변형한 것에 지나지 않기 때문에 한 시대를 건너뛰고 바로 근대로 넘어가기로 한다.

17세기(이성의 시대), 18세기(계몽의 시대), 19세기를 거쳐 프로이트에 이르기까지 수세기 동안 사람들은 꿈의 중요성을 폄하했다. 꿈은 중요한 메시지를 담고 있고 난센스로 치부할 만한 꿈이라 해도 해석할 줄 알면 그 의미를 읽어낼 수 있다는, 기본 사고방식이 부정당한 것이다.

17~18세기 계몽사상가는 하나같이 꿈의 계시성, 신성함은 고사하고 예지(豫知) 자체를 부정했다.

그 대신에 모든 꿈을 잠자는 동안에 일어나는 생리 현상 중 하나로 보았다.

예컨대 홉스(Thomas Hobbs, 1588~1679)는 이렇게 썼다.

> 꿈은 몸이 어디 아프면 일어나는 현상으로 몇 가지 아픈 증상마다 제각기 다른 꿈을 꾸는 것이 틀림없다. 이러한 이유에서 감기에 걸려 잠이 들면 무서운 꿈을 꾸게 된다. (……) 또한 희망은 몸 어디에 열을 나게 해서 그곳이 지나치게 뜨거워지면 잠자는 동안 뇌가 활성화되면서 잘될 거라는 감정을 느끼게 되는 것이다.

19세기에 접어들면 꿈을 실험을 통해 연구하기 시작한다. 그렇다고 해도 어떤 기관에서 전문적으로 연구한 것이 아니라 의사와 학자들이 취미 삼아 주로 자신을 피험자로 해서 자는 동안 받은 외부 자극과 꿈 내용의 관계만을 중점적으로 연구했다.

그 대표적인 예가 프랑스의 알프레드 모리가 쓴 《잠과 꿈》(Le someil et les rêves, 1861)이다. 귀족인 그가 기꺼이 시간을 바쳐서(?) 잠자는 동안에 하인을 시켜 여러 가지 자극을 가하게 한 뒤 꾼 꿈을 기록했는데 그중 몇 가지를 예로 들면 다음과 같다.

• 입술과 코끝을 깃털로 간지럽힌다 → 끔찍한 고문을 당한다. 누군가 얼굴에 가면을 씌웠다가 잡아당기자 얼굴 가죽이 함께 떨

어져 나갔다.

- 핀셋에 가위를 문지르게 한다 → 처음에는 종소리가 들리는가 싶더니 곧이어 다급한 경종 소리로 바뀌면서 1848년 프랑스 2월 혁명 한가운데로 뚝 떨어졌다.
- 코에 향수를 갖다 대게 한다 → 카이로의 유명한 향수 가게에 있었다. 그러고 나서 도저히 말로 표현하기 어려운 미친 듯한 사랑의 모험을 떠났다.
- 뜨겁게 달군 철판을 얼굴 가까이 두게 한다 → 강도떼가 쳐들어와 집안사람들의 발을 화로에 집어넣고 돈을 빼앗았다. 이윽고 아브란테스 공비(公妃)가 나왔는데 자신은 공비의 비서관이었다.
- 이마에 물을 한 방울 떨어뜨리게 한다 → 이탈리아에 있었다. 땀을 뻘뻘 흘리며 오르비에토산(産) 백포도주를 마셨다.

7

꿈 연구의 3대 선구자

앙리 엘렌베르거는 저서 《무의식의 발견》에서 꿈을 연구한 선구자로 세 사람을 열거하고 있다.[2] 그중 한 사람은 앞에서 이미 소개한 알프레드 모리이다. 꿈을 길게 꾼 것 같으나 실제로 꿈을 꾼 시간은 매우 짧다고 하는, 꿈의 순간생기설(瞬間生起說)을 주장했다(3장 참조).

다른 한 사람은 카를 알베르트 셰르너(Karl Albert Sherner)로, 모리의 저서와 같은 해에 《꿈의 생활》(Das Leben des Traums, 1861)을 발표했다. 이 책에 나온 꿈의 상징이 바로 프로이트 이론의 출발점이다. 셰르너는 어느 날 밤 꿈에 남자아이들이 두 줄로 나란히 마주 서 있다가 가까이 다가가 서로 주먹다짐하고는 다시 물러서기를 되풀이하는 광경을 보았다. 이런 너무나 기묘한 꿈을, 그는 이의 맞물림으로 해석했다. 이를 계기로 그는 다양한 사물이 꿈에 상징적으로 나타난다는 것을 발견했다.

그에 따르면 꿈에 상징적으로 등장하는 사물 중 기본적인 형태가 하나 있다. 그것은 집이다. 집은 인체 자체를 상징한다. 벽이 평평하다면 남성을, 창이 돌출되었거나 발코니가 있다면 여성을 상징한다. 집의 각 부분은 인체의 각 부위를 나타낸다. 어떤 여성이 심한 두통에 시달리다 잠들었더니 꿈에 천장이 온통 거미줄 천지에 소름이 끼칠 정도로 커다란 거미가 우글거리는 방이 나왔다고도 서술했다. 또한 셰르너는 이 책에서 성기를 상징하는 꿈을 서술했는데 꿈에 등장한 높은 탑, 파이프, 클라리넷, 칼, 창 같은 끝이 뾰족한 무기, 달리는 말, 쫓기며 날개를 푸드덕거리는 새는 남성의 성기를 상징한다. 비좁은 안뜰이나 반드시 올라가야 하는 계단은 여성의 성기를 상징한다.

셰르너는 프로이트에 앞서 꿈의 상징을 발견한 선구자이지만, 꿈의 상징 이론 자체는 이미 19세기 초 낭만주의 시대에 자연철학계와 의학계에서 꽤 체계적으로 전개되고 있었다. 그 대표작이 고틀프 하인리히 폰 슈베르트(Gothulf Heinrich von Schubert, 1780~1860)의 《꿈의 상징》이다. 이 책에 따르면 꿈속에서 우리 마음은 깨어 있는 상태의 '음성언어'와 완전히 다른 '영상언어'에 의해 생각이 연결된다고 한다. 영상언어는 수많은 이미지와 개념이 결합해서 하나의 영상을 이루기 때문에 일종의 피라미드에 새겨진, 해독이 어려운 상형문자

그림 1-3 **카르나크 신전 제3탑문에 새겨진 상형문자** 사진: PANA

(히에로글리프) 같은 언어이다(그림 1-3). 꿈은 상징이라는 보편의 언어를 사용한다. 상징은 예나 지금이나 인류 전체에 공통적이다.

프로이트는 꿈에는 의미가 있다는 관점에서 자신의 꿈 이론을 근대 사상보다 오히려 고대 꿈 해석의 부활이라고 주장한다. 하지만 엘렌베르거의 책을 비롯하여 그 뒤에 나온 사상사적 연구는 프로이트의 꿈 이론이 (그리고 융의 모든 상징체계가) 19세기 전반 독일 낭만주의 정신의 사생아라고 부를 만한 것이었음을 증명한다. 원래 낭만주의는 18세기 계몽사상으로 대표되는 합리주의적 인간관에 대한 반동으로, 말 그대로 낭만적 기질에서 시작된 문예사조 예술운동이다. 독일에서 이 낭만주의는 셸링의 자연철학과 쇼펜하우어의 무의식 개념을 통해서 역동정신의학(逆動精神醫學)의 흐름에 큰 영향을 끼쳤다.

꿈 연구의 3대 선구자 중 마지막 세 번째 사람은 콜레주 드 프랑스에서 중국 문학을 가르친 에르베 드 생 드니 후작이다. 그의 저서 《꿈과 그 조종법》(Les rêves et les moyens de les diriger, 1867)은 역사상 연구자가 자신의 꿈을 가장 광범위하고 철저하게 분석했다고 일컫는 책이다. 생 드니는 다양한 방면으로 연구한 것을 책에 정리했는데, 꿈속 장면은 과거의 기억에서 유래하는 측면이 상상 외로 크다고 한다. 꿈의 특성상 꿈속 장면이 어떤 기억에서 유래하는지 모를 때가 많다. 그러나 완전히 낯선 꿈을 꾸고 난 뒤 그 꿈속 이미지가 까맣게 잊어버렸던 과거의 일임을 나중에 기억해내는 일이 가끔 있으며, 이를 근거로 꿈은 기억 속 한 장면을 사진으로 인화하듯 재현한다고 봐야 한다. 꿈이 뒤죽박죽 황당무계한 이유는 꿈속에서 지각하는 내용이 눈 깜짝할 새 펼쳐졌다가 희미해지기 때문이다. 뭐가 뭔지 도통 종잡을 수 없는 꿈은 여러 장의 사진을 겹겹이 인화하듯 여러 가지 기억이 이중삼중으로 겹쳐 새겨졌기 때문이다.

또한 생 드니는 모리의 실험에 입각해서 한층 더 복잡한 실험을 시도했다. 무도회에서 두 여성과 교대로 춤추기로 하고 연주자에게 미리 부탁해서 각각의 여성과 춤출 때 제각기 달리 정한 곡을 연주하게 했다. 나중에 자신이 잠든 동안 오르골로 그 두 곡을 틀게 했더니 두 곡이 연상 작용을 일으켜 각각의 곡에 맞춰 춤췄던 상대 여성의 모습이 꿈속에 나타났다.

생 드니의 가장 놀라운 업적은 어느 정도 훈련하면 자신이 원하는 대로 꿈 조종이 가능하다는 연구였다. 그는 그 훈련을 네 단계로 나누어 언급했다. 훈련한 지 2, 3개월이 지난 1단계에서는 꿈을 꾸는 도중에 꿈이라는 것을 자각하게 되었다. 2단계에서는 꿈에 재미있는 내용이 나오면 언제든 바로 깨어나 기록할 수 있게 되었다. 3단계에서는 꿈을 꾸다 어느 한 내용을 더 깊이 파헤치고 싶으면 그 내용에 주의를 집중할 수 있게 되었다. 4단계에서는 어느 정도 꿈을 자신이 원하는 대로 조종할 수 있게 되었다. 다만 한계는 있었다. 예를 들어 그가 죽는 꿈을 꾸어야겠다고 마음먹고 꿈을 꾸면 탑 위로 올라가 몸을 던지는 일은 가능했으나, 다음 순간 자신도 모르게 군중에 섞여 탑에서 투신하는 남자를 구경하는 꿈이 되고 말았던 것이다.

셰르너의 연구가 프로이트의 정신분석학과 융의 심리학 이론에 직접 영향을 끼친 연구였다면, 생 드니의 연구는 1세기를 훌쩍 넘어 1980년대에 시작된 라버지의 자각몽 연구로 이어진다고 할 수 있겠다(9장 참조).

그리고 20세기의 서막과 더불어 프로이트에게 최고의 권위자라는 찬사를 안겨준 책 《꿈의 해석》(Die Traumdeutung, 1900)이 드디어 출판된다.

2장

프로이트와 융
—심층심리학 시대

1

프로이트와 《꿈의 해석》

프로이트의 '도라의 사례'

프로이트는 그와 브로이어의 공저 《히스테리 연구》(1895)를 통해 정신분석학의 기초를 다진 뒤 꿈 연구에 관심을 두게 된다.

그 계기가 된 것은 '도라의 사례'였다(도라는 가명이다).

이 무렵 프로이트는 수많은 환자들과 면담한 내용을 분석하면서 그들이 지닌 내면의 기억이 사춘기가 시작되는 시기로까지 거슬러 올라간다는 사실을 알아냈다. 그는 그들의 히스테리를 비롯한 신경증의 원인을 아동기부터 사춘기에 겪었던 트라우마(정신적 외상)로 보았다. 초진 당시 18세 소녀였던 도라의 상태 또한 어린 시절까지 거슬러 올라가 분석했다. 그런데 어느 날 도라가 꿈을 꾸었다며 그 내용을 프로이트에게 이야기했다.

프로이트가 이 꿈을 분석하자 도라는 그동안 까맣게 잊고 지낸 어린 시절의 기억이 되살아났고 그 이후부터 도라의 태도가 바뀌기 시작했다.

이에 프로이트는 도라의 꿈이 무의식의 세계를 밝혀주는 데 중요한 근거가 될 수 있음을 깨닫고 먼저 자신의 꿈을 통해 자기분석을 시작했다. 그 성과가 《꿈의 해석》이다. 이 책에는 '꿈은 무의식에 이르는 왕도이다'라는 유명한 문장이 실려 있다.

여기서 프로이트가 분석에 사용한 방법은 꿈을 자유로이 연상하게 해서 꿈에 숨어 있는 의미를 해석하는 방법이었다. 이와 같은 방

그림 2-1 **지그문트 프로이트(Sigmund Freud, 1856~1939)** 사진: Votava/PANA

법은 히스테리를 치료하는 데에도 사용되었다. 그는 히스테리를 비롯한 각종 이상심리 증상과 꿈 역시 동일한 메커니즘을 바탕으로 발생한다고 본 것이다.

프로이트의 꿈 이론 — 소망충족설

이미 이야기했듯이 프로이트는 자신의 이론을, 꿈에는 의미가 있다는 관점에서 근대 사상보다 오히려 고대 꿈 해석의 부활이라고 주장했다. 다만 방법에 차이가 있는데 원칙적으로 본인(꿈을 꾼 사람)으로 하여금 꿈 내용을 표현하도록 한다. 분석가는 보조 역할에 불과하다.

분석 방법은 자유연상법이다. 이는 정신분석 기법으로, 환자는 약간 어둡게 한 방에 들어가 긴 의자에 누워 눈을 감고 무엇이든 좋으니까 머리에 떠오르는 것을 입 밖으로 소리 내어 말한다. 단, 꿈을 분석할 때에는 꿈 전체가 아니라 부분적인 요소에 주의를 기울인다(이 방법은 꿈이 개개의 요소로 이루어져 있다는 관점을 전제로 한다). 바로 이 기법이 알렉산드로스 대왕의 꿈풀이에 쓰인 방법과 같다는 것도 이미 서술한 바 있다.

그리고 프로이트가 자기 자신과 친구, 환자의 수많은 꿈 사례를 이 방법으로 분석했더니 꿈의 의미는 언제나 소망충족으로 풀이할 수 있었다.

왜 그럴까? 그것은 꿈의 기능을 생각해보면 자연히 알 수 있다. 꿈의 기능은 수면(잠)을 보호하는 데 있기 때문이다. 수면을 방해하는 요소는 충족되지 못한 채 남아 있는 소망이다. 꿈은 소망을 (환각적으로) 충족시켜줌으로써 수면을 보호하는 것이다.

굳이 해석이 필요 없는 전형적인 소망충족형 꿈은 어린이들에게 흔히 나타난다. 어른의 경우에도 절박한 상황에 처하면 해석이 필요 없는 유아기 소망충족형 꿈을 자주 꾼다는 것이, 사하라 사막 탐험대나 남극 월동대의 보고서 등에 나타난다. 다음 사례는 내가 해마다 교양심리학 강의 첫 시간에 내준 '꿈 기록' 리포트 중에서 나온 것인데, 해석이 필요 없는 소망충족형 꿈으로 볼 수 있다.

꿈 사례 2-1

현실의 상황 ◆ 피곤해서 침대에 누워 잠깐 눈을 붙였다. 목이 말라 눈을 떴지만 너무 졸려서 몸이 말을 듣지 않았다. 컵을 떠올리며 '컵에 물을 가득 따라서 마시고 싶다'고 생각하면서 도로 잠이 든 것 같다.

꿈 내용 ◆ 컵을 들고 세면대로 가서 컵에 물을 가득 채워 단숨에 마셔버리고는 만족스러워하며 안도했다.

감상 ◆ 욕구가 아주 직접적으로 드러난 꿈이라고 생각한다.

(T대학 약학부 1학년 여학생)

그렇다면 꿈은 왜 대부분 소망충족이라는 의미가 쉽사리 읽히지 않게 이해하기 어려운 상태로 뒤엉켜 있는 것일까? 그것은 의식과 무의식 사이에 검열이 작용하여 꿈의 잠재내용(혹은 잠재사고)이 형태를 바꾸어서 우리가 흔히 일컫는 꿈, 즉 현재몽(顯在夢)으로 펼쳐지기 때문이다(그림 2-2)(프로이트는 꿈의 이면에 숨겨진 의미를 '잠재 내용', 꿈으로 전개되는 이야기 자체를 '현재몽'으로 구분한다_역자). 검열투성이의 출판 문서를 읽을 수 없듯이 현재몽은 앞뒤가 맞지 않고 이해하기 어려운 상태가 되는 것이다.

프로이트는 이 잠재 내용이 변형되는 과정을 꿈의 작업이라고 했다. 꿈의 작업은 압축, 전치, 역전, 시각화, 상징화 등을 통해 이루어진다. 꿈의 해석은 현재몽으로부터 잠재 내용으로 꿈의 작업 과정을

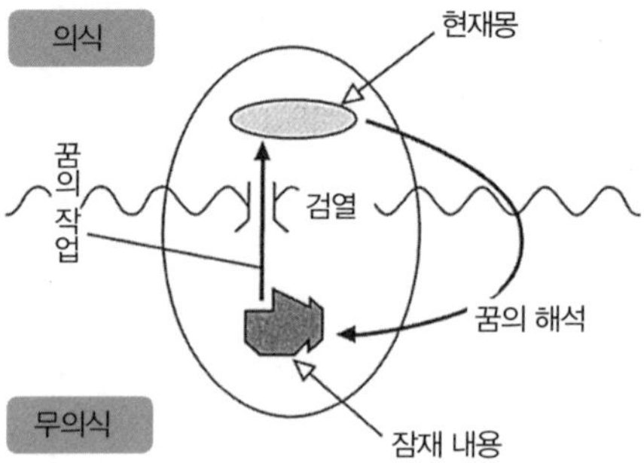

그림 2-2 **꿈의 검열과 꿈의 작업** 와타나베 쓰네오 편, 《최신 마인드사이언스》(야치요출판, 1992), p.40의 그림을 참고로 작성.

거슬러 가는 것이다. 그렇게 해서 일단 잠재 내용을 드러내고 나면 꿈이란 모두 소망충족임을 알 수 있다.

꿈의 언어와 꿈의 원천

잠재 내용이 변형되는 이유는 꿈을 꾸는 동안에도 소망에 저항하는 의식의 검열이 사라지지 않기 때문에 그런 것만은 아니다. 꿈 특유의 표현 양식(꿈 언어)도 현재몽을 이해하기 어려운 것으로 만든다. 꿈은 형상을 추상적으로 표현하기보다는 추상적인 관념을 구체적이고 시각적으로 표현한다. 깨어 있을 때 개념적으로 사고하는 의식과 달리 꿈은 언어유희나 말장난을 통해 그 이야기가 전개되기도 한다. 또한 꿈에는 엄청나게 많은 상징이 나타난다. 그래서 꿈의 문법을 모르면 꿈은 해독할 수 없는 암호문에 지나지 않을 것이다.

꿈의 잠재 내용에 드러난 소망 · 욕망은 어디에서 오는 것일까? 우선 그것은 낮에 채우지 못한 소망, 특히 전날에 충족되지 못한 소망이다. 프로이트는 이 소망이 꿈속에서 메아리치는 현상을 '낮의 잔여물'이라고 이름 붙였다.

낮의 잔여물에는 다양한 종류의 소망이 있을 수 있다. 식욕, 성욕 같은 단순한 욕망부터 채우지 못한 출세욕, 인간관계 때문에 생기는 고민, 순조롭게 풀리지 않는 일 등등. 이런 낮의 잔여물을 밝히는 데 그치는 수준의 해석은 얕은 해석이라고 하겠다. 똑같은 꿈을 놓고도 해석의 깊이는 달라진다. 더 깊은 해석은 다양한 낮의 잔여물의 밑바탕에 언제나 단 한 종류의 바람, 즉 유아성(幼兒性) 욕망이 숨어 있음을 밝혀낸다.

유아성 욕망에는 유아적인 에고이즘과 공격욕, 그리고 프로이트가 가장 중시한 유아 성욕이 있다. 유아 성욕은 생식을 목표로 하지 않는다. 따라서 유아기에는 관음증이나 노출증, 사디즘이나 마조히즘 등 성인에게는 '도착(倒錯)'이라고 할 만한 경향을 띠고 '부분 욕동(欲動, 구강기-항문기 등)'들이 독립적으로 분화되어 나타난다. 또한 유아 성욕은 일체의 금기와 무관하고, 근친상간이나 동성애, 자기 자신을 성적 대상으로 선택한다. 유아 성욕의 기저는 자기 몸의 모든 점막 부분에서 쾌감을 느끼는 자체애(오토에로티시즘)이다.

다시 말해서 우리는 꿈속에서 유아기로 퇴행한다. 무의식적인 것이란 유아적인 것이라고 할 수도 있을 것이다.

그러나 유아성만이 꿈의 특성은 아니다. 태고적 특성도 있다. 꿈의 표현 양식은 구체적인 이미지로 연출되는 영상이다. 언어유희나 말장난이 많다. 꿈은 합리적인 이성이 아닌 비합리적인 욕망의 지배를 받는다. 이것들은 태곳적부터 인류의 정신적 특징이 아니었던가!

또한 우리는 꿈속에서 계통 발생적 태고 시대로 퇴행한다. 프로이트는 이런 무의식의 정신 과정을 일차 과정이라고 불렀는데, 일차 과정 사고는 비합리적이며 구체적, 시각적이다. 반면 의식의 정신 과정은 이차 과정이라고 불렀는데, 이차 과정 사고는 합리적, 논리적이다.

꿈을 꾸지 않더라도 피곤하다거나 졸음이 쏟아진다거나 긴장이 풀린다거나 하면 우리는 문득 일차 과정에 빠져들곤 한다. 그때는 사고의 맥락이 흐트러져 기묘한 언어유희 같은 연상에 내맡기기도 하고, '평화'를 생각하면 비둘기가 튀어나오기도 하고, 사람들 얼굴이 저절로 꼬리에 꼬리를 물고 머릿속에 떠오르기도 한다.

꿈의 성적 상징설

프로이트의 꿈 이론은 발표 당시 사회에 큰 파문을 일으켰다(다만 1900년 《꿈의 해석》이 출간되고 적어도 4, 5년간은 외면당했으니 정확하게 말하면 출간된 지 5년 뒤부터 그랬다고 봐야 할지도 모른다). 그중에서 가장 크게 논란이 된 부분은 꿈의 성적 상징에 대한 이론이다.

꿈에는 수많은 상징적 의미가 내포되어 있다는 주장은 앞 장에서 이미 서술했듯이 셰르너의 연구를 계승한 것이다. 앞 장에서 예로 든 인체 외에도 부모는 꿈에서 왕과 왕비로, 아이는 해충이나 쥐 같은 작은 동물로 나오고, 탄생은 물에 뛰어들거나 물 위로 솟아오르고 물에서 사람을 구하는 등 물과 관련된 것으로 나온다. 죽음은 꿈속에서 여행을 떠나는 것으로, 나체는 옷이 유독 강조되는 것으로 나온다.

프로이트는 셰르너가 발견한 꿈의 상징을 더욱 발전시켜 꿈속에 나타나는 수많은 상징은 대부분 성적인 것과 관련이 있다는 성적 상징 이론을 전개했다.

표 2-1은 프로이트가 열거한 성적 상징을 내가 다시 정리한 것이다. 이 표를 본 독자는 억지로 갖다 붙이기 식이 아니냐고 질문할지도 모르겠다. 창, 지팡이, 주머니, 조개 따위는 수긍이 간다 해도 복잡한 기계니 풍경이니 하는 사물이 과연 그럴까 싶을 것이다. 하지만 프로이트가 이 같은 상징을 실마리로 수많은 꿈을 해석하는 데 성공을 거둔 것 또한 사실이다.

《꿈의 해석》에 실려 있는 꿈 사례 2-2는 상징 이론을 바탕으로 프

남성의 성적 상징		여성의 성적 상징	
우산, 지팡이, 몽둥이, 나무 등(형태가 비슷한 것). 칼, 검, 창, 총, 뱀 등(뚫는 것). 풍선, 비행선(부풀어 하늘을 나는 것). 방문을 여는 열쇠. 복잡한 기계.		구멍, 병, 자루, 상자, 주머니, 배, 조개, 달팽이 등(물건을 담는 용기가 되는 것). 방. 풍경.	
음모	수풀, 나무숲 등	여성의 유방, 둔부	복숭아, 사과
성행위	댄스, 승마, 등산 등(리드미컬한 활동)		
성적 흥분	비행(날아가는 것)		

와타나베 쓰네오 편, 《최신 마인드사이언스》(야치요출판, 1992), p.42.

표 2-1 **성적인 상징**

꿈 사례 2-2

한 젊은 여성 환자는 응접실을 지나다가 낮게 매달린 샹들리에에 머리를 부딪혀 피가 나는 꿈을 꾸었다. 현실에서는 겪지 않았던 일이라고 한다.

로이트가 꿈을 어떻게 해석했는지를 보여주는 가장 성공적인 예일 것이다. 어릴 때 그녀는 부정한 행동을 하면 머리가 엉덩이처럼 대머리가 될 거라는 말을 어머니에게 들은 적이 있었다. 여기서 샹들리에는 음경을 상징한다. 프로이트는, '머리'는 몸의 '위쪽'에 있으므로 '역전' 작업이 이루어져 '하체'를 나타낸다고 해석한다. 따라서 이 꿈의 진짜 주제는 음경과 접촉한 하체 끝의 하혈이다. 프로이트의 설명에 따르면 '사랑은 미움으로, 미움은 사랑으로, 위는 아래로, 아래는 위로, 돈을 줍는 것은 돈을 잃는 것으로' 역전이 일어난다.

신화는 민족이 꾸는 꿈이다

프로이트는 표 2-1에 열거된 성적 상징이 꿈뿐만 아니라 옛이야기나 동화, 신화, 전설에도 등장하며 예술작품은 물론 날마다 주고받는 말장난이나 실없는 농담에도 널리 존재한다고 한다. 사실 프로이트와 그를 따르는 정신분석가들은 그림형제 동화를 비롯해서 몇몇 옛이야기와 신화에 대한 해석을 시도했다. 나중에 등장하는 융과 그

제자들은 프로이트보다 더욱더 깊은 해석에 열중했다.

그런데 프로이트의 옛이야기 해석은 말을 단서로 한 것이 많아서 독일어를 잘 모르면 이해하기 어렵다. 그래서 여기에서는 일본 옛이야기인 〈모모타로〉를 예로 들어 프로이트식으로 해석해보겠다.

> 옛날 어느 곳에 할아버지와 할머니가 살았습니다. 할아버지는 매일 산에 나무하러 가고, 할머니는 강가에 빨래하러 갔습니다. 어느 날 평소처럼 할머니가 강에서 빨래를 하고 있는데 상류에서 커다란 복숭아가 둥둥 떠내려왔습니다. 이것을 신기하게 여긴 할머니가 복숭아를 건져 들고 쪼개 보니 그 속에서 건강한 아이가 응애 하고 태어났습니다. 자식이 없었던 할아버지와 할머니는 무척 기뻐하며 복숭아에서 태어났으니 이름을 모모타로(桃太郎)라고 짓고 아이를 소중히 키웠습니다.

이는 일본 사람이라면 누구나 알고 있는 모모타로 설화의 첫 부분이다. 이곳만 해도 표 2-1에서 열거한 상징이 여러 개 등장한다는 것을 쉽게 알 수 있다. 복숭아는 여성의 엉덩이와 유방을, 물에서 건져 올리는 것은 탄생을 상징한다. 그러나 원래의 문자대로 해석하면 모모타로는 평범하게 인간인 여성의 몸에서 태어나 평범하게 젖을 먹고 자랐다는, 별로 특별할 것도 없는 이야기가 되어버린다.

이러한 '탄생 신화'는 왜 생겨났을까? 실은 그 뒤로 모모타로가 오니가시마를 정벌하는 내용이 이어지는데, 이는 완전히 허구가 아니라 어느 정도 역사를 바탕으로 한 이야기 같다. 일본 내륙에서 세토 내해를 건너가다 보면 왼편에 길쭉한 섬이 보인다. 이것이 오니가시마 섬인데, 아주 오래전 이 섬은 해적의 근거지였으며 모모타로는 해적을 소탕하고 민중에게 평화를 가져다준 영웅이었던 듯하다.

참고로 일본 고대시대에 효고 현 남부와 오카야마 현 일대는 기비국(吉備國)이었다고 하는데, 야마토 왕조가 일본을 통일하기 전까지 기비 왕조가 다스리던 독립 국가였다는 주장도 있다.

그러한 상고시대에는 문자가 아예 없었고, 설령 있었다 하더라도 민중과는 인연이 없었다. 그렇기 때문에 해적을 소탕한 영웅 이야기에 어쩌면 기비 왕조의 건국 이야기가 덧붙어 구전문학으로 전해 내려왔을지 모른다. 그리고 주된 전승 형태가, 엄마나 할머니가 아이를 재우려고 잠자리에 누워서 들려주는 이야기, 즉 옛이야기였던 것이다.

아이는 이야기를 듣다 어느새 잠이 든다. 그러면 이야기는 무의식을 거쳐 지나면서 변형을 겪게 된다. 우리가 꿈을 꾸는 동안 잠재 내용이 꿈의 작업을 통해 변형되듯이 말이다. 이것이 여러 대를 이어 내려오면서 원래의 이야기가 신화로 변형된 것은 아닐까?

프로이트는 '신화란 민족이 꾸는 꿈'이라고 정의했다. 지극히 당연한 말이다.

2

융과 심층심리학의 발전

프로이트와 항해 도중 융이 꾼 꿈

꿈의 심층심리학은 프로이트에 뒤이어 나타난 융(1875~1961)에 의해 크게 발전한다. 융이 프로이트의 《꿈의 해석》을 알게 된 때는 취리히에서 정신과 의사로 일하기 시작할 무렵이었다.

융은 큰 감명을 받고 프로이트에게 편지를 보냈다. 편지가 오가기 시작했고, 1907년에는 융이 직접 빈으로 찾아가서 프로이트를 만났다. 두 사람은 서로 뜻이 맞아 열네 시간에 걸쳐 대화를 나누었다.

프로이트는 융이 자신의 후계자가 되기를 바랐다. 실제로 1911년에 국제정신분석학회를 설립했을 때 정작 자신이 회장에 취임하지 않고 융을 초대 회장으로 선출했다. 유대계인 프로이트로서는 '아리아인'인 융을 전면에 내세움으로써 정신분석을 학계에 수월하게 진입시키려는 의도가 있었을 것이다. 그러나 프로테스탄트 목사 집안에서 자란 관념적인 융과 유물론적인 프로이트 사이에는 처음부터 기질적인 차이가 있었던 듯하다. 융이 그 차이를 자각한 것은 1908년 프로이트와 함께 미국으로 향하는 배 안에서였다.

그해 프로이트는 클라크대학 학장인 그랜빌 홀의 초청으로 강연차 미국으로 여행을 떠났다. 이 강연을 계기로 정신분석은 유럽보다 미국에서 더 발전하게 되었다. 이때 융은 프로이트가 아끼던 또 한 제자인 피렌체와 함께 프로이트를 수행하던 참이었다. 참고로 그랜빌 홀도 뛰어난 심리학자로 발달심리학의 창시자 중 한 사람으로 일컫는 인물이다. 그 배를 타고 가던 중 어느 날 융은 이런 꿈을 꾸었다.

> 낯선 집에 있었다. 하지만 왠지 우리 집이라는 것을 알게 되었다. 2층 실내는 로코코 양식으로 꾸며져 있었다. 1층 만듦새는 중세 양식이었다. 지하로 내려가니 그곳 양식은 고대 로마 양식이었다. 지하 1층 바닥에는 돌로 된 둥근 덮개가 있고 거기에 붉게 녹슨 쇠고리가 달려 있었다. 쇠고리를 잡고 덮개를 열자 지하 2층으로 내려가는 계단이 나타났다. 내려가 보니 그곳은 원시시대의 동굴로, 인골이 두 구 놓여 있었다…….(그림 2-3)

융은 프로이트에게 이 꿈 이야기를 들려주고 함께 분석해보기로 했다. 프로이트는 두 인골 중 하나는 융 부인이며 융과 그의 여동생의 근친상간적인 욕망이 관련되어 있다고 해석했다.

그러나 융은 프로이트의 해석이 마음에 들지 않았다. 이리저리 궁리하다가 그 집은 마음의 구조를 나타내는 게 아닐까 하는 생각에 이르렀다.

원래 융은 정신병 환자의 환각 증세와 아이의 꿈속에 고대의 신화나 종교의례에서 볼 수 있는 도상(icon)이 공통적으로 내포되어 있음을 주목하고 있었다. 예를 들어 한 환자의 환각 증세를 보니 태양 속에 수레바퀴가 있는데 그 가운데에서 페니스가 나와 바람결에 이리저리 흔들린다는 것이었다. 그런데 그 뒤 아주 우연한 기회에 융은 고대 조로아스터교

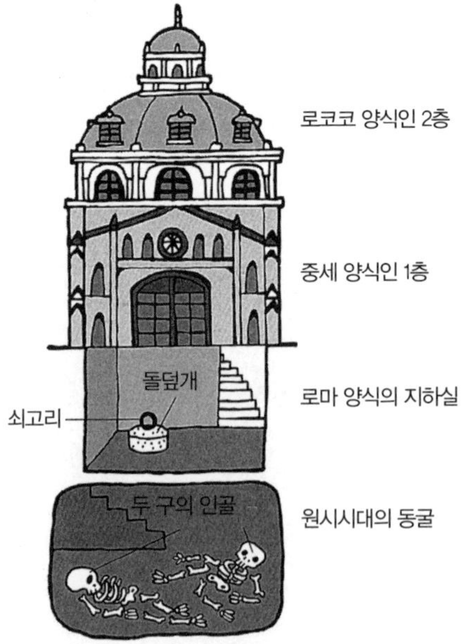

그림 2-3 **융이 꿈에서 본 '지하실 딸린 집'** C. G. 융, 《융 자서전》(일본어판, 미스즈쇼보, 1973).

문서를 보다가 그러한 도상(icon)을 찾아냈다.

융은 꿈에 나온 집에 대해 로코코 양식의 2층은 조부모 · 증조부모 세대를 길러낸 문화적 배경을 상징하므로 개인적 무의식이, 중세 양식의 1층은 융이 속한 게르만 민족에 공통된 무의식이, 로마 양식의 지하 1층은 서양 세계에 공통된 아리아인이라는 인종적 무의식이, 그리고 원시시대의 동굴은 인류에 공통된 무의식이 반영된 것이라고 해석했다.

이것이 그 유명한 융의 집단무의식(보편적 무의식이라고도 한다) 이론이다. 잘 알려져 있듯 프로이트는 무의식을 바다에 떠다니는 빙산에 비유했다. 8분의 7이 바다에 잠긴 빙산처럼 무의식은 바다에 잠긴 거대한 빙산 같은 것이다. 이에 대해서 융은 의식이란 바다에 뜬 작은 섬이며, 겉으로는 하나하나 개별적으로 무관한 듯 보여도 수면 아래 밑바닥에서는 이어져있다고 보았다.

원형과 집단무의식

집단무의식이란 옛 선조가 경험했던 의식이 쌓인 것을 말한다. 다만 무엇이든 다 집단무의식으로 보존되는 것이 아니라 옛 선조의 집단적 경험 패턴이 생물학적으로 전승되어 집단무의식을 형성하는 것이다. 사회적, 문화적으로 전승된 것은 신화나 종교의례로 나타난다. 꿈이나 정신병적 환각이 도상(icon)과 비슷하다는 것도 당연한 결과이다.

그러한 공통적으로 나타나는 집단적 경험 패턴이자 꿈이나 신화, 종교의례 속 이미지를 융은 원형이라고 칭했다. 그리고 그중에서도 융이 가장 중요시하며 자주 논한 원형은 죽음과 부활 주제였다.

태고의 인류에게 만물은 죽음과 부활의 반복이었다. 태양은 저녁에는 서쪽 지평으로 '사몰하고(죽어 없어지고)' 아침에는 동쪽 지평에서 되살아난다. 융은 조사차 아메리카 대륙을 여행하던 중 한 인디오 마을에 갔을 때 온 마을 사람들이 모여 아침마다 태양의 부활 의식을 치른다는 것을 알게 되었다. 한 사람 한 사람이 우주의 운행에 참여한다고 느낄 수 있으니 우리 서양인에 비해 얼마나 행복할까 하고, 그는 감탄했다. 더구나 그들이 보기에 만물은 가을이 끝나면 죽어서 대지로 돌아가지만 봄이 시작되면 다시 대지에서 부활한다. 인간도 죽으면 그것으로 끝나는 것이 아니며, 예컨대 올해 태어난 아기는 작년에 죽은 할아버지나 할머니가 환생한 것이다. 그 흔적이 서양 여러 나라를 포함한 세계 각지에 아이에게 조부모와 같은 이름을 붙이는 풍습으로 남아 있는 것 같다.

다른 중요한 원형에는 용을 물리치고 여성을 구하는 영웅, 우로보로스(꼬리를 삼키는 자), 대홍수, 그림자, 아니마 · 아니무스, 늙은 현자, 태모, 자기 등이 있다. 그리고 원형과 대응하는 꿈속 이미지는 원시

원형	원시심상
그림자: 의식적으로 살아가지 못한 자신의 가능성	동성인 낯선 인물로 꿈꾸는 사람과 정반대되는 성향을 지닌다.
아니마: 남성에 내재된 여성적 인격	남성의 꿈에 등장하는 매력적인 낯선 여성
아니무스: 여성에 내재된 남성적 인격	여성의 꿈에 등장하는 매력적인 낯선 남성
태모(어머니인 대지): 만물의 근원인 대지와 생명의 근원인 여성의 통합	소용돌이, 항아리, 석관
늙은 현자: 무의식의 지혜	충고해주는 고령의 동성
자기: 무의식을 포함한 마음 전체의 진정한 중심	비밀의 고문서, 보석

표 2-2 **원형과 원시심상**

심상(原始心像)이라고 했다. 그런 주요 원형과 원시심상의 관계를 표 2-2에 정리해놓았다.

원형 이론은 융 자신이 1장을 집필한, 《인간과 상징》[3]을 참고하기 바란다. 표 2-2 중 하나만 해설하자면 '태모' 원형의 원시심상에 '석관'이 나오는 이유는 그것이 대지의 자궁을 의미하기 때문이다. 고대인은 죽은 자를 석관에 넣어 땅속에 묻었다. 죽은 자를 대지의 자궁으로 돌려보냄으로써 부활을 재촉한다는 의미가 담겨 있다.

어쨌든 1913년에 융은 이 같은 주장을 내놓아 프로이트를 격분시

켰고 결국 '파문'을 당하고 만다. 그 뒤 융은 자신의 심리학을 프로이트의 정신분석과 구별하여 '분석심리학'이라 칭하고 취리히에 융연구소를 세워 수많은 융 이론가를 양성하는 등 독자적인 길을 걸어갔다.

융 심리학의 인기와 평가

융은 일본에서 가장 인기가 많은 심리학자이다. 신데렐라 이야기에 나오는 마법사 할머니는 늙은 현자의 한 예로, 무의식의 지혜를 상징한다는 식의 융 심리학 특유의 낭만적인 어조가 특히 임상심리학에 뜻을 품은 젊은 여성의 마음을 사로잡는 듯하다.

또한 융의 심리학이 민족학, 문화인류학 그리고 종교학 같은 분야에 끼친 영향은 대단하다. 신화학의 칼 케레니, 종교학의 미르체아 엘리아데 같은 사람들이 각 분야의 대가로서 융의 영향을 받은 학자이다. 실제로 뉴기니 고산지대에 사는 어느 부족의 성인식 통과의례를 보면, 성인이 되는 소년의 등을 쐐기풀로 세게 때린 다음 강물 위로 세운 컴컴한 오두막에 소년을 며칠 동안 가두었다가 풀어준다. 그러면 소년은 빈사 상태로 강을 헤엄쳐 살아 돌아와야 한다. 여기서 때리는 것은 죽음을, 컴컴한 오두막은 자궁을, 강은 양수를 상징하며 그 과정 전체가 죽음과 부활을 상징하는 의례로 이루어져 있음을 쉽게 알 수 있다.

비록 마을 사람이나 본인들이 이제는 그 의미를 모른다고 해도 의식(儀式)의 실행은 무의식의 깊은 바닥에 잠재하는 원형에 호소해서 심신에 어떤 효과를 가져다줄지도 모르는 것이다.

융 심리학의 업적은 이처럼 근대 문명사회에서 이제는 악습으로 여기는 전통적인 풍속과 의례의 의미를 심층심리학적으로 밝혀냄으로써 이론적 지주가 되어 기계적이고 합리적인 학문 풍조에 제동을 걸었다는 데 있을 것이다.

그렇다고는 해도 옛 선조의 집단적 경험 패턴이 생물학적으로 계승되어 원형을 구성한다는 주장은 획득형질이 유전된다는 라마르크설의 변종을 보는 것 같다. 실제로 융이 원형 이론을 생각해낸 당시, 라마르크의 진화론(용불용설)이 지식인들에게 상당한 영향력을 발휘했다는 것이 사상사 연구를 통해 알려진 바 있다.[4)]

하지만 현대의 정통 진화론은 획득형질의 유전을 부정하고 돌연변이와 자연도태에 의해 진화한다고 주장하는 다윈의 이론이다. 유전정보가 DNA에서 RNA로 전달되며 그 반대로는 전달되지 않는다는 분자생물학의 '센트럴 도그마' 가설로 검증해도 라마르크 이론은 부정될 수밖에 없다.

그런, 정통 과학자들 사이에서 용불용설에 뿌리를 두는 융 심리학이 과학이라기보다 예술이나 철학, 심지어 초자연적인 주술에 더 가깝다는 식으로 취급되는 것도 무리는 아니다.

그럼에도 불구하고 나중에 나오는 앨런 홉슨 같은 현대의 정통 꿈 과학자들은 꿈을 해석하는 방법 면에서 융이 프로이트보다 더 설득력이 있다고 평가한다.

사실 융의 꿈 이론은 원형 이론에만 머물지 않는다. 융은 꿈을 몇 가지 유형으로 분류하고 그 기능에 따라 해석을 다르게 했다. 꿈의 유형에는 ① 보상몽, ② 전망몽과 경고몽, ③ 반복몽, ④ 예지몽 ⑤ 원형몽 — 무의식의 심리 과정 묘사가 있다. 이 중 융이 꿈을 해석하는 태도가 경고몽에 가장 잘 드러나 있기에 이를 소개한다.

융의 꿈 해석 방법—문제 제기와 해결로서의 꿈

꿈 사례 2-3

나는 높은 산속에서 가파른 골짜기를 오르고 있었다. 계속 위로 올라갔다. 구름 한 점 없이 맑고 상쾌한 날이다. 산을 오를수록 기분은 점점 좋아졌다. 언제까지고 이렇게 계속 올라갈 수 있다면, 하고 생각했다. 정상에 이르렀을 때 느낀 행복감과 우월감이란 정말 대단해서 하늘까지 오를 수 있을 것 같았다. 사실 하늘에 오를 수 있었다. 산 정상에서 허공으로 발을 내디뎠다. 나는 완전한 황홀감에 젖어 눈을 떴다.

이는 융의 동료 중 등산가인 의사가 꾼 꿈이다. 융은 이 이야기를 듣고 불길한 느낌에 사로잡혀 그에게 등산을 삼가라고 조언했다. 하지만 친구는 조언을 받아들이지 않았고 넉 달 뒤 암벽에서 추락하여 죽고 말았다.[5] 등산에 푹 빠진 사람의 마음이 미래를 감지하고 과장, 확대해서 그 위험성을 꿈으로 보여준 것이다. 융은 이런 종류의 꿈을 경고몽이라고 했다.

꿈 사례 2-4

나는 차를 몰고 미사카 고개를 내려가 마쓰야마로 갔다. 그때 아버지가 나를 쏘아보았다.

(K대학 1학년 남학생)

꿈 사례 2-4는 고치대학에 근무할 때 수집한 꿈 사례 중 하나인데, 이것도 경고몽의 일종으로 해석할 수 있다. 꿈을 꾼 학생은 프로이트 강의를 들었을 당시 자동차 운전 교습을 받고 있었다. 그래서 그는 곧 여름방학이니 빨리 면허를 따서 에히메 현, 마쓰야마 시에 있는 고향집까지 차를 몰고 가고 싶다는 소망이 꿈으로 나타난 거라고 해석했다. 그러면 끝에 아버지가 쏘아본 장면은 무엇을 의미할까?

꿈꾼 학생이 프로이트에 좀 더 정통했다면 끝부분을 무의식의 징벌 소망이니 마조히즘의 표현이니 하고 해석했을지도 모른다. 하지만 좀 더 곧이곧대로 해석해도 좋을 것이다. '면허를 따서 차를 몰고 집으로 가고 싶지만 위험한 미사카 고개를 넘어왔다고 하면 아버지는 뭐라고 하실까? 아마 야단을 치시겠지?' 하는, 상상력에 의한 문제 제기와 그 해결이라고 보면 안 될까?

'경고몽이나 전망몽'은 상상력에 의한 문제 제기와 그 해결, 즉 시뮬레이션(모의실험)이다. 시뮬레이션 결과가 위의 두 예처럼 꿈이 부정적인 내용이면 경고몽, 긍정적인 내용이면 전망몽이 된다. 융은 전망몽에서는 '꿈이 미래의 계획을 암시하는 비전 같은 것으로 펼쳐진다. 그 비전은 주로 의식 세계에서는 전혀 생각지도 못한 것이며 계획이 실현된 새벽 무렵에는 그 꿈이 예지몽으로 자주 상기되곤 한다'고 서술했다.

의식보다 훨씬 더 지혜로운 무의식

프로이트에게 무의식의 세계는 비합리적인 유아적 · 태곳적 세계였다. 그러나 만약 우리가 꿈속에서 문제를 제기하고 해결할 수 있다면 어떤 의미에서 무의식은 의식 못지않게 훨씬 더 지혜로운 존재가 아닐까?

의식이 감지하지 못하는 것을 무의식이 감지하고, 의식이 모르는 것을 무의식이 알고 있음을 입증하는 꿈은 결코 적지 않다.

대학원생으로 교토에서 혼자 지내던 시절, 불규칙한 생활 때문에 툭하면 위가 아팠던 때가 있었다. 그 시기, 때때로 새벽녘에 '통각만 있는 꿈'을 꾼(다기보다 느낀) 적이 있었다. 복부에 심한 통증만 느껴지는 꿈일 뿐이었다. 그런데 잠에서 깨어나 의식이 또렷해질수록 통증은 썰물처럼 싹 사라졌다.

잠든 동안에는 외부 세계로부터 자극이 차단되므로 내부 감각이 상대적으로 예민해진다. 그것이 꿈에 통각으로 나타났다가 잠에서 깨어나면서 외부 세계로부터 유입되는 자극에 압도되어 감쪽같이 없어지는가 보다고 생각했다.

의식이 감지할 수 없는 미세한 이상 증세를 무의식이 잡아내고 그것을 이미지로 보여주는 것이 꿈이다. 그렇다면 꿈을 통해서 질병을 진단할 수도 있을 터이다. 사실 진단몽(診斷夢)은 예로부터 잘 알려진 꿈이었다.

꿈 사례 2-5

중세 신학자인 폰 빌라노바의 꿈

앞에서 뒤에서 두 차례, 돌로 귀를 얻어맞는 꿈을 꾸었다. 머지않아 맞은 쪽 귀에 심한 염증이 생겼다.

(메다르 보스, 《꿈—그 현존재 분석》, 미스즈쇼보, 1970)

꿈은 문제를 해결하는 기능을 하고 깨어 있을 때에는 감지할 수 없는 몸의 이상 신호를 감지해서 우리에게 알려준다. 어디 그뿐인가? 창조몽(創造夢)이라고 해서 꿈에 나온 암시를 통해 현실에서 풀리지 않던 과학적 발견을 이루거나 예술을 창조한 사례도 있다.

꿈 사례 2-6

화학자 케쿨레의 꿈

케쿨레는 벤젠(C_6H_6) 구조를 풀고자 밤낮으로 고민했다. 당시 그림 2-4 (A)와 같은 식으로 풀었지만 C의 결합이 맞아떨어지지 않아 고민만 쌓여갔다. 그러던 어느 날 밤, 하숙집 작업실 의자에 앉아 일하다가 깜빡 선잠이 들어 꿈을 꾸었다.
"눈앞에 원자가 나타나 눈이 어지러울 만큼 움직이고 있었습니다. …… 모든 원자가 뱀이 움직이는 것처럼 서로 뒤엉켜 계속 회전운동을 했습니다. 그런데 저건 또 무엇이란 말인가? 뱀 한 마리가 꼬리를 물고는 내 눈앞에서 나를 비웃듯이 빙글빙글 도는 게 아니겠습니까? 나는 마치 벼락을 맞은 듯 눈을 떴습니다. 그리고 이 가설의 결론을 완성하기 위해 그날 밤을 다 쏟아부었습니다."
이렇게 해서 케쿨레는 그림 2-4 (B)와 같은 벤젠 구조식을 도출하게 된다. 그리고 "여러분, 우리 꿈꾸기를 배웁시다. 그렇게 할 경우 어쩌면 진리를 발견할 수 있을지도 모릅니다."라는 말로 강연을 끝맺었다.

(1890년 독일화학회 창립 25주년 기념식에서)

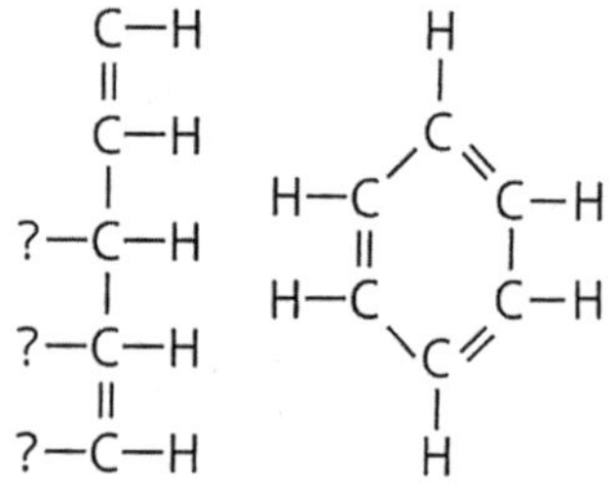

(A) (B)

그림 2-4 **케쿨레가 꿈에서 본 벤젠 구조식**

프로이트 이론과 융 이론을 통합하고자 했던 정신분석학자 에리히 프롬은 융 심리학을 평하기를, '의식은 지혜롭지만 무의식은 더욱더 지혜롭다'고 말했다.[6] 단, 꿈에 표현된 것은 비합리적, 상징적인 것이 많아서 언뜻 보면 도무지 알 수 없는 것투성이라서 암호해독 기술이 필요할 뿐이다.

3

심층심리학과 과학적 꿈 연구

프로이트는 자신의 병원이 있는 빈 거리의 한 모퉁이를 가리키며 머잖아 '1899년, 지그문트 프로이트, 꿈의 비밀을 풀다'라는 기념판이 길 위에 새겨질 것이라고 사람들에게 말했다고 한다.

프로이트의 이 예언은 반은 맞고 반은 맞지 않았다. 과연 20세기 초엽의 50년을 놓고 보면 이 예언은 실현되는 듯 보였다. 융뿐만 아니라 아들러 같은 유능한 제자들이 프로이트의 품을 떠났다 해도 꿈은 무의식의 표현이며 꿈에는 숨겨진 의미가 있고 그 의미를 해석하려면 기법이 필요하다는 심층심리학(마음 속의 무의식의 영역을 연구하는 심리학. 의식 영역에 관심을 두는 부분을 (일반)심리학이라 한다_역자)의 패러다임 자체가 크게 발전했으니 말이다. 하지만 20세기 후반에 들어서면서 꿈 연구는 심층심리학자들이 생각조차 할 수 없었던 방향으로 흘러가기 시작한다.

과격한 반(反)프로이트적 언사로 유명한 앨런 홉슨은 현대를 대표하는 꿈 과학자 가운데 한 사람이다. 그는 19세기의 꿈 연구를 개괄하여 헤르만 폰 헬름홀츠와 빌헬름 분트의 뇌생리학 이론을, 그리고 모리와 에르베 드 생 드니의 실험 관찰을 가리켜 수면과 꿈에 관한 현대과학의 진정한 첨병이라고 했다. 그러면서 홉슨은 '정신분석적인 꿈 이론의 극적인 성공'으로 말미암아 '꿈 과학의 과학적 전통이 단절되었고 이것은 반세기나 지속되는 지경에 이르렀다'면서 프로이트를 비난했다.[7)]

그렇지만 이 비난은 약간 억지 같다는 느낌이 들지 않을 수 없다. 엘렌베르거는, 슈베르트와 셰르너, 모리, 에르베 드 생 드니 같은 선구자들이 내세운 개념은 이미 프로이트와 융의 꿈 이론에 다 나와 있다고 보아도 좋다고 했다. 19세기 말이라는 시대가 심층심리학적인 꿈 이론을, 그리고 심층심리학 자체의 탄생을 예고한 것이다. 예를 들어 모리와 생 드니의 꿈 과학이 탄생한 프랑스에는, 프로이트보다 먼저 정신분석적 개념을 세우고도 프로이트의 카리스마적 명성에 가려 빛을 못 본 피에르 자네라는 대심리학자가 있었다. 혹여 프로이트가 일찍 세상을 떠났다 하더라도 그와 비슷한 꿈 이론은 언젠가 세상에 나왔을 것이다.

게다가 홉슨이 말한 '반세기나 지속되는 지경에 이르렀'던 것은 그만한 이유가 있었다. 1930년대 들어서야 독일 정신과 의사인 한스 베르거에 의해 뇌파가 발견되고 실용화되었기 때문이다. 또 꿈 과학자에게는 그야말로 로망이었던 꿈꾸기에 관한 객관적인 생리학적 지표도 1950년대에 와서야 개발되었기 때문이다. 미국 시카고대학의 실험실에서, 그것도 우연히 개발되었다.

3장

렘수면의 발견

—꿈, 현대과학으로 풀다

1

심층심리학적인 꿈 연구의 문제점

프로이트 학파든 융 학파든 꿈을 심층심리학적으로 연구하는 데에는 방법론상 몇 가지 문제점이 있었다.

첫째는 사례로 제안되는 꿈이 정말로 어젯밤에 꾼 꿈인지 아닌지를 확인할 방법이 없다는, 즉 데이터의 신뢰성이 떨어진다는 아쉬움이다. 자기 자신이 기록한 꿈조차 믿을 수 없고 또 꿈을 정확하게 기록하는 일이 얼마나 어려운지 꿈일기를 써본 적이 있다면 내 말에 공감이 갈 것이다.

둘째는 꿈을 해석한 것이 정말로 맞는지 그렇지 않은지를 확인할 방법이 없다는, 검증 가능 여부의 문제이다. 하나의 꿈으로부터 도출되는 해석은 여전히 가설일 것이다. 실증과학이라는 측면에서 가설은 실험을 통해 증명되지 않으면 안 된다. 그런데 꿈은 단 한 번뿐인 현상이므로 실험에 의해 확인할 수 없다. 재현 가능성이 없는 것이다.

첫 번째 문제점에 관해서 프로이트는 이렇게 토로한다. "꿈을 꾼 기억이 정확하지 않다는 난점은 해소할 수 있습니다. 꿈을 꾼 사람이 이야기하는 내용이 곧 그 사람이 꾼 꿈이라고 간주하고 이것을 잊어버린다거나 회상하는 사이에 수정이 가해졌을지 모른다는 우려 따위는 일체 고려하지 않는 것으로 정하면 됩니다."[8)]

프로이트는 꿈으로 전개되는 이야기 자체(=현재몽)란 원래 잠재 내용이 변형된 것이며 잠재 내용을 밝혀내기 위한 재료에 불과하다고 보았기 때문에 이와 같은 그의 태도는 그 나름대로 이치에 맞는 셈이었다. 프로이트 학파든 융 학파든 꿈을 통해 그 사람의 심층심리를 이해하는 것이 가장 중요한 목적이었고, 꿈 자체를 연구하는 것은 나중 문제였다.

두 번째 문제점은 렘수면의 실험과 연구를 병행해서 시작된, 또 하나의 꿈의 현대과학이라고 칭할 만한 내용분석에서 홀이 몰두한 문제이므로 4장에서 다루겠다.

2

렘수면의 발견

1950년대, 렘수면의 발견은 꿈 과학 역사상 프로이트의《꿈의 해석》(1900)이 출간된 이후 가장 획기적인 사건이었다. 1952년의 일이다. 시카고대학의 너새니얼 클라이트먼 교수가 이끄는 수면생리학 연구실 소속 대학원생이었던 아제린스키는 잠든 어린 아들을 관찰하던 중 아들의 눈꺼풀이 규칙적으로 실룩실룩 떨린다는 것을 발견했다. 성인도 관찰해보니 역시 눈꺼풀이 규칙적으로 실룩실룩 떨렸고, 이때 뇌파를 측정한 결과 깨어 있을 때와 비슷한 모양으로 작고 빠른 진폭의 뇌파가 나타났다. 눈꺼풀이 떨리기 시작할 때 피험자들을 일부러 깨웠더니 그들 모두가 꿈을 꾸었다고 말했다. 눈꺼풀이 떨리지 않을 때 깨우면 꿈을 꾸었다는 이야기가 없었다.

눈꺼풀이 실룩실룩 떨리는 시기는 급속한(Rapid) 안구운동(Eye Movement)이 일어나고 있는 때라고 하여 렘수면기라고 명명했다. 렘이란 Rapid Eye Movement의 약자 REM이다. 1953년에 아제린스키와 클라이트먼은 이 연구 결과를 논문으로 정리해서 학술지 〈사이언스〉에 발표했다. 그러자 렘수면이야말로 진정한 꿈을 꾸는 수면이 아닌가, 꿈 과학계에서 오랫동안 탐구해온 꿈의 객관적인 생리적 지표가 드디어 개발된 것이 아닌가 하는 흥분이 꿈과 수면에 관심 있는 과학자들 사이에서 들끓었다.

사실 시카고대학에서 아제린스키의 뒤를 이어 렘수면 연구의 수장이 된 드멘트에 따르면, 1961년까지 여덟 가지 실험을 행하고 집계해보니 표 3-1과 같은 결과가 나왔다고 한다.

깬 시기	깬 횟수 (총계)	꿈 회상률 (꿈을 꾼 확률)
렘수면기 논렘수면기	981회 478회	
피험자 총수 97명, 실험 밤수 323밤		

표 3-1 **드멘트의 실험 결과** 윌리엄 C. 드멘트, 《밤새는 사람, 잠자는 사람》(미스즈쇼보, 1975)을 참고로 작성.

렘수면기에는 안구운동뿐만 아니라 여러 가지 다른 특징이 나타난다는 사실도 알게 되었다.

우선 안구가 움직이는 동안에는 깊은 잠(심수면[深睡眠])을 잘 때 보이는 높고 느린 파형(서파[徐波])의 뇌파가 없어지고 아주 얕은 잠을 잘 때 보이는 낮고 빠른 파형(속파[速波])의 뇌파가 나타난다. 이는 뇌가 깨어 있음을 가리킨다. 심장박동과 호흡도 거칠고 불규칙하다. 남녀를 불문하고 성기가 충혈된다. 뇌가 정동적(情動的)으로 흥분한 것이다.

이와 반대로 턱에 전극을 붙여 근전도를 측정해보면 잠자는 동안 렘수면기에는 근육의 긴장도가 현저히 떨어진다는 것을 알 수 있다. 말하자면 근육이 마비되어 몸이 움직이지 않는 상태이다.

이처럼 뇌는 깨어 있어도 몸은 휴식을 취하고 있는 것처럼 보인다는 점에서 렘수면을 일컬어 역설수면이라고도 한다(뒤에 나오는 프랑스의 미셸 주베가 이 명칭을 사용했다. 렘수면기 동안 쉴 새 없이 REM[급속안구운동]이 일어나는 것은 아니기에 이 명칭이 적절한 면도 있다). 또한 렘수면은 몸이 자는 것이라고 말하고, 비(非)렘수면(이 책에서는 논렘수면이라고 표기하겠다)은 근육이 어느 정도 긴장을 유지하고 있으므로 뇌가 자는 것이라고 말한다.

논렘수면은 얕은 잠에서 깊은 잠까지 네 단계로 나뉘고 1단계(Stage1: S1), 2단계(Stage2: S2), 3단계(Stage3: S3), 4단계(Stage4: S4)로 설정한다. 그림 3-1은 전형적인 하룻밤 동안의 수면단계변동도(수면 다이어그램이라고도 한다)를 나타내는 그림이다.

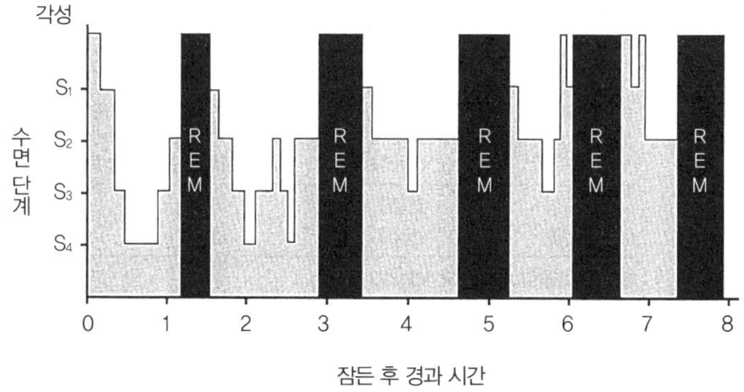

그림 3-1 **전형적인 수면 다이어그램** 윌리엄 C. 드멘트, 《수면 관찰자》(미스즈쇼보, 1994)를 참고로 작성.

3

수면의 여러 단계

그림 3-1에서 보듯이 수면 단계는 약 90분 간격으로 나타난다.

— 각성

우선 실험에 참여한 사람(피험자)의 얼굴과 머리에 전극을 붙여 뇌파계에 연결하고, 실드룸(주위를 구리 같은 금속판으로 가려 외부로부터 전파가 들어올 수 없게 막은 방_역자)에서 잠자게 한다. 어둠 속에서 눈을 감고 안정을 취하면 뇌파계에는 후두엽을 중심으로 8~13헤르츠의 규칙적인 파동이 나타난다. 이를 알파(α)파라고 한다. 후두엽을 측정하는 이유는 이곳에 대뇌피질 내 시각피질이 있기 때문이다. 눈을 뜨고 무언가를 응시하면 알파파는 곧 사라진다. 즉 알파파는 대뇌피질 내 시각피질이 쉬고 있을 때 나타나는 기초적인 리듬이다. 그래서 알파파는 긴장을 풀고 편안한 상태를 측정할 때 지표로 사용된다. 다만 뇌가 쉬고 있어도 의식은 또렷해서 언제라도 활동이 가능한 상태이다. 이를 뇌의 아이들링 상태라고 한다(그림 3-2).

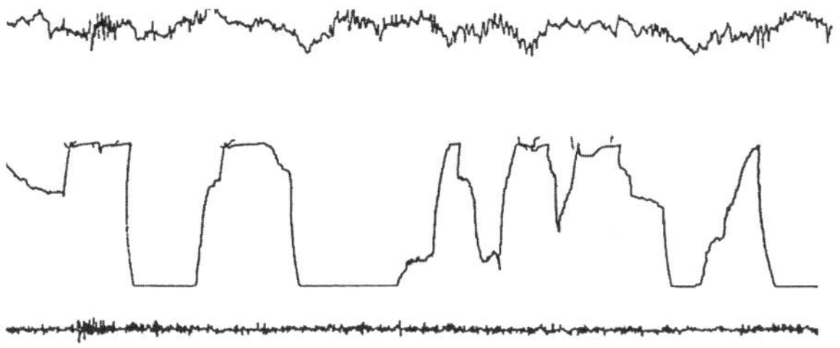

그림 3-2 **각성** 위에서부터 순서대로 뇌파, 안전도(안구운동), 근전도(근육 긴장)

— 1단계

졸리기 시작하면 알파파가 간헐적으로 감소하면서 4~7헤르츠 전후의 불규칙적인 파동이 나타나는데, 이 파동은 세타(θ)파이다. 세타파의 비율이 50%를 넘으면 1단계(S1)에 들어갔다는 입면(入眠)으로 판단한다. 다만 이 1단계는 각성에서 수면으로 넘어가는 과도기 상태로, 피험자를 일부러 깨워 자기 관찰 보고를 들으면 잠들지 않았다고 응답하는 경우가 많다. 1단계에서는 각성 시에 볼 수 있는 눈알을 이리저리 움직이는 안구운동과 느리고 규칙적인 움직임이 번갈아 나타난다. 이런 상태를 느린 안구운동(Slow Eye Movement: SEM)이라고 한다. 1단계 후반에서는 두정부를 중심으로 연속적인 예파(sharp wave)가 나타나면서 2단계 수면으로 들어간다(그림 3-3).

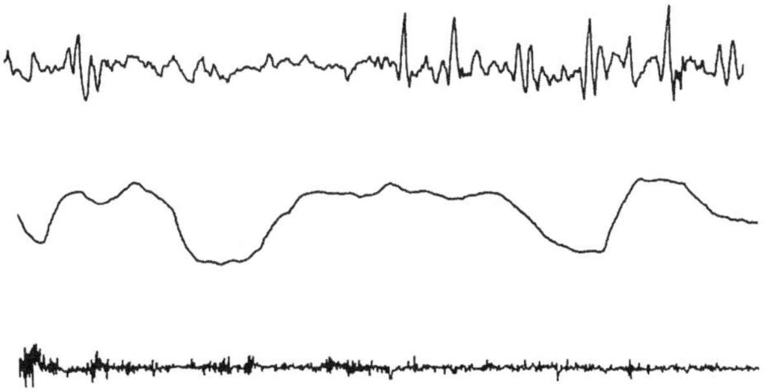

그림 3-3 **1단계** 위에서부터 순서대로 뇌파, 안전도(안구운동), 근전도(근육 긴장). 뇌파의 오른쪽 절반에 연속적인 예파(sharp wave)가 나타난다.

— 2단계

2단계 수면의 특징은 수면 방추파와 K복합파가 나타난다는 것이다. 안구운동은 거의 하지 않고 1단계에서 유지되던 근육의 긴장도가 약간 떨어진다. 호흡과 맥박은 규칙적이다. 2단계에서는 자기 관찰 보고에도 잠자고 있었다는 응답이 나온다. 비로소 뇌파학적인 '수면'과 주관적인 '수면'이 일치하는 셈이다. 2단계 후반부에서는 깊은 수면의 특징인 서파(slow wave, 델타[δ]파])가 나타나기 시작하며 3단계 수면으로 들어간다(그림 3-4).

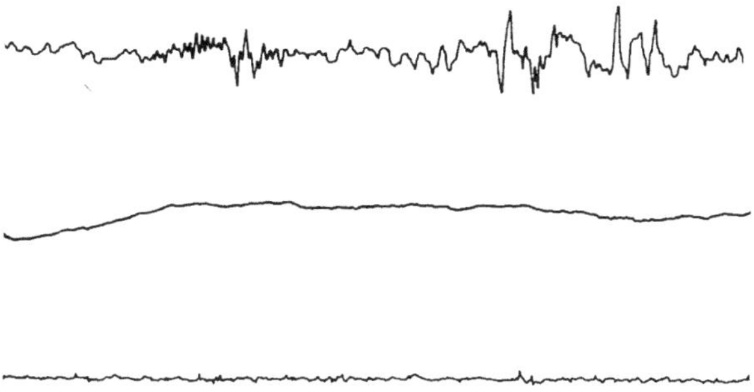

그림 3-4 **2단계** 위에서부터 순서대로 뇌파, 안전도(안구운동), 근전도(근육 긴장). 왼쪽 끝에서 3분의 1 정도 되는 곳에 검은 방추처럼 보이는 수면 방추파가, 또 오른쪽 절반에는 진폭이 높은 한 번의 파동과 수면 방추파가 결합된 형태를 띤 K복합파가 연속적으로 나타난다.

— 3단계와 4단계

서파의 비율이 20%를 넘으면 3단계 수면으로 판단한다. 서파의 비율이 더욱 증가해서 50%에 이르면 4단계 수면으로 판단한다. 3단계, 4단계로 갈수록 근육도 더 이완되고 호흡과 맥박도 점점 더 규칙적이다. 단, 렘수면기와 비교해서 긴장이 완전히 사라진 것은 아니다(그림 3-5). 3단계와 4단계가 깊은 잠을 자는 단계, 1단계와 2단계가 얕은 잠을 자는 단계이다. 그림 3-1에 보이는 것처럼 하룻밤 수면의 전반기, 즉 밤에는 깊은 잠을 자게 되고 후반기, 즉 새벽에는 얕은 잠을 자게 된다.

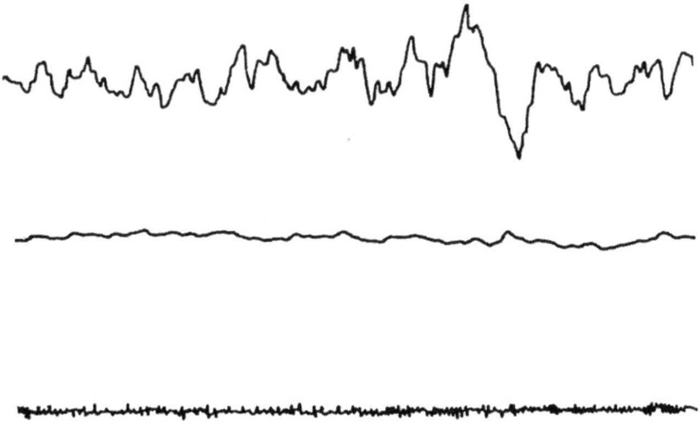

그림 3-5 **4단계** 위에서부터 순서대로 뇌파, 안전도(안구운동), 근전도(근육 긴장). 뇌파 중 서파(델타[δ]파)의 비율이 50%를 넘는다.

— 렘수면

90분 주기의 끝에 가까워지면 지나면 잠이 얕아지며 첫 렘수면기에 들어간다. 뇌파는 진폭이 작고 빠른 세타파이며 1단계 뇌파와 비슷하다. 근육 긴장은 완전히 사라진다. 물론 빠른 안구운동이 일어나는 것을 볼 수 있다(그림 3-6). 그림 3-1처럼 렘수면은 꿈을 꾸는 수면단계로 밤에 잠이 들 무렵에는 짧게 나타나고 잠이 깰 무렵에는 길게 나타나는 경향이 있다. 대개 새벽녘에 길고 선명한 꿈을 꾸기 쉬운 것도 이 때문이다.

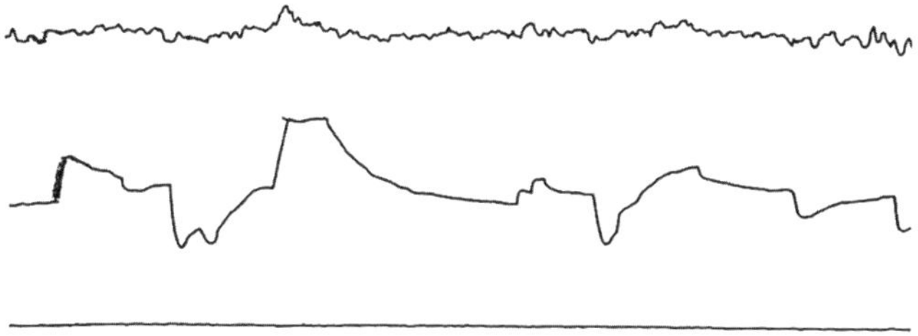

그림 3–6 **렘수면기** 위에서부터 순서대로 뇌파, REM을 동반하는 안구운동을 가리키는 안전도, 근긴장이 완전히 사라진 평탄한 근전도

4

렘수면의 발견으로 알게 된 것

이처럼 렘수면이 발견되고 폴리그래프 기록(뇌파뿐만 아니라 안전도, 근전도, 심전도 등 다수의 생리 지표를 동시에 기록한 것)을 볼 수 있게 되자, 렘수면기에 이르렀을 때 인터폰으로 피험자의 이름을 불러 깨우는 식의 급속 각성법이 개발되어 당시 꿈을 둘러싼 수수께끼가 잇달아 풀리기 시작했다. 그중 일부를 문답 형식으로 엮어 소개한다.

문 꿈을 꾸지 않았다고 하는 사람이 있나요?

답 없습니다. 렘기의 급속 각성법으로도 꿈을 기억하지 못한 사람은 뇌수술을 받은 환자 같은 특별한 경우를 제외하고는[9] 아무도 없었습니다. 꿈을 꾸는 사람과 꾸지 않는 사람이 있는 게 아니고 꿈 내용을 기억하는 사람과 기억하지 못하는 사람이 있을 뿐입니다.

문 어떻게 하면 꿈을 기억할 수 있게 되나요?

답 그것은 바로 꿈에 흥미를 갖는 것입니다. 이런 이야기가 있습니다. 어느 정신분석가가 여성 환자에게 분석용으로 꿈을 이야기해보라고 했더니 그 여성 환자는 "선생님, 저는 여태껏 한 번도 꿈을 꾼 적이 없어요." 하는 겁니다. 그러던 그녀가 그다음 상담 때 상담실에 들어서자마자 이렇게 말했답니다. "선생님, 어젯밤에 제가 꿈을 꿨어요."

문 꿈은 하룻밤에 몇 번이나 꾸나요?

답 꿈이라는 느낌이 들 만한 꿈이라고 하면 렘수면의 횟수만큼 꾸게 됩니다. 그림 3-1을 보면 알 수 있는 것처럼 하룻밤에 보통 네다섯 번쯤 꿉니다. 1회 렘수면의 지속 시간은 처음에는 10분에서 30분 정도이고 새벽으로 갈수록 그 시간이 길어지는 경향이 있습니다.

문 꿈은 렘수면 때에만 꾸나요?

답 표 3-1에서 볼 수 있듯이 논렘기에 든 피험자들을 깨워서 물어봐도 전체 피험자 중 14% 정도는 꿈을 꾸었다고 답합니다. 꿈 과학 초기, 렘수면이 곧 꿈을 꾸는 수면이라고 여기던 무렵에는 이 14%가 논렘수면에 들기 직전의 렘수면기에 꾼 꿈을 기억한 거라고 보았습니다. 그러나 그 뒤 풀케스와 보겔[10)]은 그럴 가능성을 막기 위해 피험자들이 잠든 직후인 1단계, 2단계에서 그들을 깨워 꿈 내용을 청취하고 전체 피험자의 50~60%가 꿈 내용을 기억한다는 연구 결과를 얻어냈습니다. 단, 렘수면기의 꿈에 비하면 별로 극적이지 않으며 꿈에 피험자 본인이 나오는 경우도 적고 막연히 경치나 사람 얼굴이 보이는 식의 꿈이 많았습니다.

또 최근의 한 연구를 예로 들겠습니다.

다케우치 연구진(2001)은 밤중에 피험자들을 한 번 깨웠다가 렘수면 주기에 맞춰 다시 재웠습니다. 이는 잠이 들자마자 렘수면을 유도하기 위한 것으로, 이렇게 해서 논렘수면이 렘수면에 포함되어 결과에 영향을 미칠 가능성을 배제시켰습니다. 그러고 나서 그들이 렘수면에 들기 시작한 지 5분 뒤에 그들을 깨웠다가, 논렘수면에 들게 한 뒤 다시 깨워서 각각 꿈꾼 경험을 비교했더니 꿈 회상률이 렘수면 = 76.4% 대 논렘수면 = 12.3%였습니다.[11)]

그리고 스즈키 연구진(2002)은 피험자들에게 1시간 주기로 20분 잠자고 40분 깨어있게 하는 실험을 78시간 동안 연속으로 실시했습니다. 이렇게 해서 폴리그래프 기록과 면접 조사 등을 토대로 렘수면이 포함된 수면 구간과 논렘수면만의 수면 구간을 정교하게 구별할 수 있었습니다. 각 수면 구간 후 피험자들에게 꿈을 꾸었는지 물어본 결과, 꿈을 꾸었다고 응답한 비율은 렘수면 구간이 평균 51.2%, 논렘수면 구간이 평균 17.9%로 나타났습니다.[12] 스즈키(2007)는 이 실험과 연구를 정리한 뒤 '엄밀하게 통제된 이 실험을 통해서 사람들은 렘수면기에 높은 확률로 꿈을 꾸는 한편, 논렘수면 중에도 10에서 20%의 확률로 꿈을 꾼다는 사실이 확인되었다'[13]고 평했습니다.

문 어른과 아이 중 누가 더 꿈을 많이 꾸나요?

답 그림 3-7은 출생 직후 90세까지의 수면 시간과 렘수면의 비율을 그래프로 그린 것입니다. 신생아는 하루 중 3분의 2를 잠으로 보내는데, 렘수면이 전체 수면 시간의 반이 넘습니다. 생후 5개월이 되면 렘수면이 전체 수면 시간에서 차지하는 비율이 점점 줄어들다가 십대 중반에서 후반 사이에 더 큰 폭으로 줄어듭니다. 그 뒤 렘수면의 비율은 일정해지지만 총 수면 시간이 계속 줄어들기 때문에 렘수면 시간도 결과적으로 줄어드는 것입니다.

흔히 어렸을 때나 젊었을 때에는 꿈을 자주 꾸던 것이 중년에 이르러 나이를 먹을수록 꿈을 꾸지 않게 된다고 이야기하는데 이런 것도 나이에 따른 렘수면의 변화를 살펴보면 확인이 가능합니다.

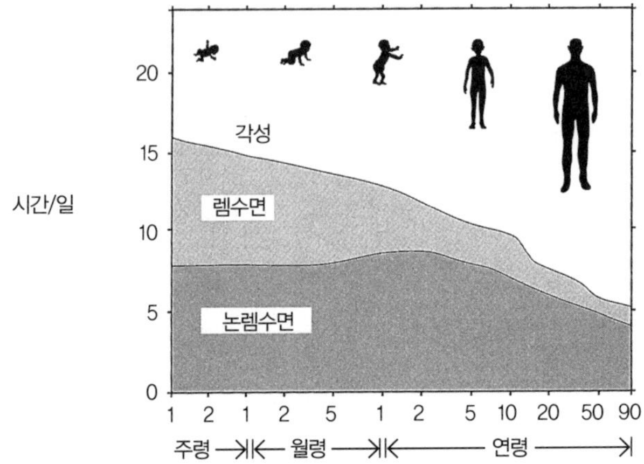

그림 3-7 **수면 내용의 비율과 나이의 관계** 알렉산더 보르베이, 《잠의 수수께끼》(도부쓰샤, 1985), 52쪽을 참고로 작성.

문 동물도 꿈을 꾸나요?

답 꿈을 어떻게 정의하느냐에 따라 다릅니다. 프로이트처럼 어떤 꿈을 꾸었다고 말로 보고한다는 관점에서 보면 아니라고 할 수 있지만, 렘수면과 동일시한다면 대답은 '예'입니다. 단, 수면 행동이 모든 척추동물에서 관찰된다고 해도 렘수면과 논렘수면을 반복하며 잠을 자는 것은 포유류와 조류에 한정됩니다. 비둘기는 하루 평균 10시간을 자는데 그중 대략 40분을 렘수면에 소비하고, 렘수면 1회 지속 시간은 몇 초 이내라고 합니다. 비둘기를 비롯한 조류는 대개 서서 자니까 렘수면에 들면 근육이 풀리기 때문에 그런 것으로 보입니다.

문 동물이 꿈을 꾸고 있다는 증거는 렘수면 말고 또 뭐가 있나요?

답 렘수면의 특징은 근육이 완전히 이완된다는 것입니다. 그런데 뇌간의 특정 부위를 절단하면 다시 근육이 긴장하게 됩니다. 프랑스의 꿈 과학자인 미셸 주베가 고양이의 뇌를 열고 이 부위를 절단하여 관찰한 결과, 고양이가 렘수면에 들어가면서 벌떡 일어나 존재하지도 않는 상대에게 장난을 거는 듯한 행동을 보였다고 합니다(그림 3-8). 이것이 바로 고양이가 꿈을 꾼다는 확실한 증거라고, 많은 사람들이 생각하고 있습니다. 이에 관해서는 5장~8장에서 다룰 기회가 있을 것입니다.

그림 3-8 **뇌간의 특정 부위가 절단된 고양이가 렘수면 중 보인 행동** 알렉산더 보르베이, 《잠의 수수께끼》, 179쪽을 참고로 작성.

5

'한단지몽' 고사는 사실인가?

문 어떤 꿈이든 꿈은 아주 잠깐 사이에 꾼다는 주장이 있는데 그게 사실일까요? 한단지몽(邯鄲之夢)이나 노생지몽(盧生之夢) 같은 고사성어를 보면 예로부터 꿈은 아주 짧은 순간에 꾼다는 인식이 드러나 있습니다.

옛날 중국에는 고급 관리 등용 시험인 과거제도가 있어 전국 각지의 선비들은 과거 급제를 목표로 열심히 글공부를 했다. 그러던 어느 해, 노생이라는 젊은이가 과거시험을 치르려고 도읍으로 가던 중 한단의 한 주막에 들러 점심을 시켰다. 마침 밥이 떨어져 밥이 될 때까지 기다리다 잠이 들었다. 꿈속에서 노생은 과거에 급제하여 승승장구하더니 마침내 재상 자리에 올라 오래오래 부귀영화를 누리다가 천수를 다하고 죽었다. 그런데 노생이 문득 잠을 깨고 보니 꿈이었다. 밥이 아직 뜸도 들지 않았으니 인생은 고작 밥 짓는 시간에 불과했다. 이에 노생은 인생이 꿈처럼 덧없음을 깨닫고 곧장 고향으로 돌아가 전답을 일구며 남은 생을 살아갔다.

답 근대에는 모리(1장 참조)가 체험에 입각해서 꿈의 순간생기설을 주장한 것으로 알려져 있습니다. 어느 날 모리는 프랑스 대혁명 당시 공포정치 시대에 사는 꿈을 꾸었습니다. 끔찍한 일을 겪다가 체포되어 법정으로 끌려갔더니 그곳에 자코뱅당의 마라와 로베스피에르가 있었습니다. 그는 뭔가 변명을 했고, 유죄를 선고받아 형장으로 끌려갑니다. 마침내 기요틴의 칼날이 떨어집니다. 그때 모리는 머리가 떨어져 나가는 끔찍한 공포를 느끼며 눈을 떴습니다. 깨어나 보니 침대의 난간이 목에 떨어져 있었습니다.

모리는 이 긴 꿈 전체가, 침대 난간이 빠져서 목에 떨어진다고 하는 외부의 감각 자극에 의해 시작되었음이 틀림없기 때문에 꿈은 순간적으로 꾸는 것이라고 생각했습니다. 그렇게 생각하지 않으면 마치 긴 꿈 전체가 우연히 목에 가해진 외부의 감각

자극을 예지하고 전개된 셈이 되어버려서 불합리하기 때문입니다.

그러나 꿈의 순간생기설은 렘기의 급속 각성법을 활용한 실험과 연구를 통해서 거의 부정되기에 이르렀습니다. 표 3-2는 시마네대학 의학부의 연구 중 일부를 소개한 것입니다.[14] 이를 보면, 렘수면에 들기 시작해서 각성하기까지 흐른 객관적인 시간과 피험자가 꿈의 길이라고 느끼는 주관적인 시간이 거의 일치한다는 결과가 나옵니다. 외국에서도 피험자가 꿈을 꾸는 동안에 그에게 물을 떨어뜨리는 등 외부 자극을 주어 그가 느끼는 꿈의 길이와 실제 혹은 현실에서 흐른 시간의 관계를 탐구하는 몇몇 실험이 행해졌는데[15] 이 역시 비슷한 결과가 나왔습니다.

다만 꿈의 길이와 렘수면의 길이가 완전히 일치하지 않고 크게 어긋나는 경우도 더러 있다는 사실은 따로 설명이 필요한 대목일지도 모릅니다.

렘수면의 길이(분) \ 주관적인 꿈의 길이(분)	~1	1~5	5~10	10~30	30~	합계
~1	2	0	0	0	0	2
1~5	12	25	5	4	0	46
5~10	18	27	23	6	2	76
10~30	3	9	3	2	0	17
30~	0	2	1	1	0	4

N=34

표 3-2 **꿈의 길이** 다케오의 연구(1970)를 참고로 작성.

* * *

꿈 과학은 렘수면 발견 이후 동물 실험을 병행하여 오늘날의 뇌과학으로 발전해왔다. 이에 관해서는 5장에서 소개하고, 다음 4장에서는 프로이트, 융 해석의 전통을 발전시켜 또 하나의 꿈의 현대과학이라고 일컬을 만한 방법론인 미국 심리학자 캘빈 S. 홀(1909~1985)의 시리즈분석 · 내용분석을 다루겠다.

4장

또 하나의 꿈의 현대과학

—시리즈분석과 내용분석

1

홀의 일상몽 연구

렘수면의 발견을 계기로 꿈 과학이 현대과학으로서 화려하게 다시 출발한 것과 동시에 또 하나의 꿈의 현대과학이라고 할 만한 조류가 등장했다. 미국 한 모퉁이 웨스턴리저브대학에서 세간에 별로 알려지지 않은 채 꿈을 분석하는 획기적인 방법론을 연구하고 있었던 것이다.

2장에서 소개한 프로이트와 융이 연구한 꿈은 주로 심리를 치료하는 자리에서 임상을 목적으로 해석한 '임상몽(臨床夢)'이었다. 또는 융이 배를 타고 대서양을 건너던 도중에 꾸었던 '집 지하실로 내려가는 꿈'처럼 심리학자 자신이 꾸고 나서 인생의 새로운 전기를 맞았다는 식의 의미심장한 꿈이 연구 대상이었다.

하지만 우리가 일상생활에서 꾸는 꿈은 심층심리학책에 소개된 예처럼 극적이고 의미심장하기만 한 것은 아니다. 꿈일기를 써보면 알 수 있는데 일상생활의 한 단면을 잘라낸 듯 평범한 꿈이 많다.

한편 렘기 급속 각성법으로 수집한 꿈을 모아 보면 일상생활에서 꾸는 꿈보다 훨씬 더 단조롭고 단편적이며, 정서적 성적 요소가 적은 경향을 띤다. 이는 피험자가 실험자에게 뇌파를 감시당하면서 잠을 자고 나중에 꿈 내용을 보고하지 않으면 안 되는 상황이 불러일으킨 의식적 무의식적 억제 현상이 반영된 거라고 봐야 할 것이다. 역시 이러한 '실험몽(實驗夢)'은 연구 데이터로는 현저한 샘플링 바이어스(표본추출의 편중)가 있다고밖에 할 수 없다.

그러니 꿈의 과학적인 이론을 만들어내기 위해서는 통계적으로 다수를 점하는 '일상몽'이 바로 연구의 출발점, 즉 자료가 되어야 하지 않을까?

그러한 동기에서 캘빈 홀과 연구자들은 평범한 대학생들이 일상생활에서 꾼 꿈을 중심으로 일상몽을 수집하고 그 데이터에 입각한 분석법을 개척했다. 홀 등이 수집한 꿈은 1만 명에 이르는 사람들로부터 한 사람당 5~10사례씩 모두 5만 가지 사례가 넘는 양이었다. 1950년대부터 조사된 사례는 1966년에 《꿈의 내용분석》[16]이라는 두꺼운 분량의 책으로 묶여 출간되었다.

아쉽게도 홀의 연구는 일본에 그다지 소개되어 있지 않은 실정이다. 홀의 저작 중 일어로 번역된 책은 작가인 카프카의 꿈을 통계적으로 고찰한 것[17)]이 유일하다. 그 외에는 한스 위르겐 아이젠크나 다타라 미키하치로 등의 저서에 단편적으로 언급되어 있고, 안드레아 록의 《뇌는 잠들지 않는다-꿈을 꾸는 뇌 구조》[18)] 4장에 홀의 후계자인 윌리엄 돔호프 연구진의 연구가 실린 정도에 불과하다.

2

꿈의 시리즈분석

홀 연구진이 학생 한 사람당 5~10사례씩 꿈을 수집한 데에는 이유가 있었다.

3장 1절에 서술했다시피 프로이트와 융의 꿈 해석상 문제점은 아무리 설득력 있게 들려도 그것이 정말로 맞는지 틀린지 확인할 방법이 없다는 것이었다. 하나의 꿈으로부터 도출된 해석은 여전히 가설일 것이다. 실증적 과학이란 면에서 가설은 실험을 통해 확인되지 않으면 안 된다. 그런데 꿈은 단 한 번밖에 없는 현상이어서 실험으로 확인할 수가 없다. 즉 재현 가능성이 없는 것이다. 프로이트와 융의 꿈 해석은 단지 명인의 기예이고 예술일 뿐 과학이 아니라는, 흔히 듣는 비판에 수긍할 수밖에 없었다.

과학의 방법은 기본적으로 관찰을 바탕으로 해서 가설을 세우고 그 가설을 검증해나가는 가설-검증의 순환 과정이다. 관찰 → 가설 → (관찰 · 실험에 의한) 검증 → 가설의 수정 → 검증인 셈이다. 홀은 꿈을 해석하려면 적어도 다섯 개에서 열 개 정도 시리즈로 꾼 꿈을 분석해야 한다고 보고 이를 '시리즈분석'이라고 불렀다. 시리즈 맨 처음 꿈을 바탕으로 가설을 세우고 그 다음에 꾼 꿈으로 가설을 검증해나간다(그림 4-1). 이러한 방법론을 따른다면 꼭 정신과 의사가 아니어도 누구나 꿈을 해석할 수 있지 않겠는가? 홀의 꿈에 대한 심층심리학적 해석 방법은 예술의 영역을 벗어나 근대과학으로서 그 방법론을 갖추게 되었다고 할 수 있을 것이다.

그런데 꿈에 대해서 세워야 할 가설이란 무엇일까? 젊은 여성이 낮게 매달린 샹들리에 끝에 머리를 부딪혀 피가 났다는, 2장에 나온

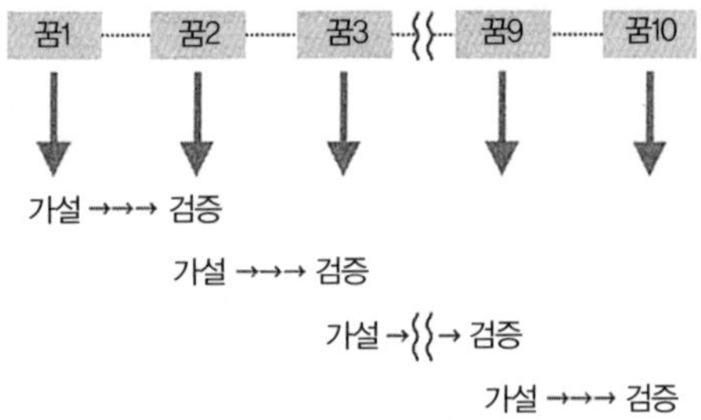

그림 4-1 꿈의 해석을 근대과학으로 끌어올린 홀의 시리즈분석

'꿈 사례 2-2'를 다시 살펴보자(55페이지). 프로이트가 해석한 것처럼 이 꿈의 의미를 섹스에 대한 욕망 충족이라고 가설을 세워봐야 본인이 이와 비슷한 꿈을 또 꾸지 않는 한, 아무리 많은 꿈 시리즈를 모은다 한들 어떻게 그 가설을 검증하겠는가?

그렇지만 홀에 따르면 세워야 할 가설은 꿈에 숨어 있는 전체적인 의미가 아니다. 어떤 꿈이든지 거기에 공통적으로 들어 있는 요소를 뽑아 항목별로 분류한 다음 각 항목의 내용에 대해 각각의 가설을 세우는 것이다. 이것이 꿈의 내용분석이다.

3

꿈의 내용분석과 꿈의 인지이론

어떤 꿈이든지 거기에 공통적으로 담긴 요소를 추리면 무대 설정, 자기 역할, 등장인물, 충동 · 금지 · 벌, 갈등과 문제 등으로 항목을 나눌 수 있다. 각각의 꿈에서 이들 내용을 추출하여 항목별로 그 의미에 대해 가설을 세운다면 그것은 연이어 꾸게 될 꿈에 의해 검증이 가능해질 것이다.

홀은 꿈속 이미지를 무의식의 사고와 개념과 감각이 구체화한 것으로 간주한다. 이 점은 프로이트와 융의 개념과 일맥상통하는데, 홀 스스로도 자신의 이론이 프로이트와 융의 이론을 보완한 거라고 인정했다. 예를 들어 어떤 사람이 조각배에 몸을 싣고 폭풍우가 몰아치는 바다를 떠다니는 꿈을 꾸었다고 한다. 뒤에 서술하겠지만, 무대 설정(폭풍우가 몰아치는 바다)은 꿈꾼 사람의 환경이나 세계에 대한 개념과 이미지, 느낌 등이 구체화되고 시각화된 것이다. 따라서 꿈꾼 사람이 자신의 환경은 폭풍우가 몰아치는 바다 같고 삶은 거친 바다에 농락당하는 조각배 같다고 느낀다는 가설이 성립되는 셈이다.

이 가설은 검증이 가능하다. 똑같은 꿈을 두 번이나 꾸는 경우는 없더라도 무대 설정이 이와 같거나 비슷한 꿈은 얼마든지 꿀 수 있기 때문이다.

여기서 더 나아가 홀은 꿈속 이미지가 꿈꾼 사람의 무의식과 감각의 구체화라는 주장에 입각해서 성적 상징에 대해서도 독자적인 주장을 펼친다. 성을 상징하는 사물은 대단히 많은데 2장 표 2-1에 나온 예는 극히 일부에 불과하다. 하나의 대상에 대해서 상징의 종류가 왜 이렇게나 많은 것일까? 어느 연구자가 세어보니 프로이트와 그 문하생들은 남자 성기, 여자 성기, 성행위에 대한 '상징'을 각각 50종류에서 80종류까지 '발견'했다고 한다.

홀에 따르면 이렇게 성적 상징의 종류가 많은 것은 그만큼 꿈꾸는 사람에게 있어 성에 대한 느낌이나 인상이 다양하기 때문이라는 것이다.

예컨대 섹스를 공격적인 것이라고 느끼는 사람의 꿈에 등장하는 창이나 총은 남자의 성기를 상징하고, 창으로 찌른다든지 총을 쏜다든지(여성인 경우는 창에 찔리거나 총에 맞거나) 하면 성행위를 상징한다.

성을 생식이나 생명의 탄생으로 느끼는 사람의 꿈에 나타나는 행위는 밭을 갈거나 씨를 뿌리는 행위일 것이다. 꿈의 상징이란 고정적이지 않다. 그것은 꿈꾸는 사람에게 있어 표현의 수단이다. 거꾸로 말해서 꿈에 어떤 상징이 사용됐는지 알면 꿈꾸는 사람이 무의식중에 섹스를 어떻게 느끼고 거기에 어떤 의미를 부여하는지 추측할 수 있다는 것이다. 홀은 이 주장을 꿈 상징의 인지이론이라고 명명한 뒤 렘수면의 발견과 같은 해인 1953년에 이 이론을 발표했다.[19)]

4

내용분석의 방법(1)
–무대 설정, 자기 역할, 등장인물

그러면 어떤 꿈이든지 거기에 공통적으로 들어 있는 요소를 무대 설정, 자기 역할, 등장인물, 충동 · 금지 · 벌, 갈등과 문제 등 다섯 가지 항목으로 나누어 설명하겠다. 이 분류로 미루어 알 수 있듯이 홀은 꿈의 요소를 연극에 빗대어 분석했다.

무대 설정

모든 꿈에는 무대 설정(무대 배경)이 있다. 앞에서 폭풍우가 몰아치는 바다를 예로 들었듯이 무대 설정은 꿈꾸는 사람이 자신을 둘러싼 환경과 세계에 대해 무의식중에 느끼는 개념·사고방식이 구체화된 것이다. 누군가가 사막 한가운데를 걷고 있는 꿈을 꾸었다면 그 사람을 둘러싼 세계는 사막처럼 무미건조한 곳일지도 모른다. 황량한 겨울 풍경이 나오는 꿈을 꾸었다면 그 사람은 무의식중에 자신을 둘러싼 세계를 겨울 풍경처럼 황량하고 쓸쓸하고 추운 곳으로 느낄지도 모른다.

자기 역할

꿈꾸는 사람이 스스로 꿈에 등장하는 경우(자신이 등장하지 않는 꿈도 있지만) 반드시 현실의 모습 그대로 나온다고만은 할 수 없다. 대학 1학년 학생들의 꿈을 조사하면 왜 그런지 고등학교 교복을 입은 모습이 꿈에 꽤 자주 나타난다는 것을 알 수 있다. 대학생활에 만족하는 학생도 많기 때문에 이들 모두를 고교 시절로 돌아가고 싶어 한다는, 프로이트적 소망충족 기제인 꿈으로 해석하기에는 다소 무리가 있을 것이다. 또한 주위 친구는 모두 대학에 갔는데 나 혼자만 고등학교 교복을 입고 있는 꿈은 단순한 과거의 기억을 재현한 경우라고 볼 수 없다.

홀에 따르면 꿈속 자기 역할은 무의식적인 자기상(셀프이미지)이 구체적으로 나타난 것이다. 고등학교 교복을 입고 대학 강의를 받는 꿈은 대학생이 되었음에도 불구하고 무의식적인 셀프이미지가 미처 변화되지 못하고 여전히 고등학생에 머물러 있는 내면을 반영하는 것인지도 모른다.

평소에는 상상조차 해본 적이 없는데 꿈에 남자는 여자가, 여자는 남자가 되었다는 이야기도 조사하다 보면 자주 듣는다. 융이 아니마 · 아니무스라는 원형 이론으로 해석했듯이(2장 표 2-2 참조), 우리 마음의 심층에 남성은 여성성이, 여성은 남성성이 잠재되어 있다면 무의식적 자기상의 일부인 아니마 · 아니무스가 꿈에 다른 성으로 나타난다 해도 이상하지 않을 것이다. 다만 꿈속에서 반드시, 그것도 아주 당연하게 다른 성으로 바뀌어 있는 경우에는 이른바 성동일성장애(Gender Identity Disorder: GID)일 가능성이 전혀 없는 것은 아니다.

등장인물

꿈에는 가족과 친한 친구, 지인 등이 자주 등장한다. 여기서 주의해야 할 점은, 꿈속 인물이 현실과 똑같은 사람으로 나오는 것이 아니라 꿈꾸는 사람의 무의식이 그려낸 그 사람의 특징이 구체화되어 나온다는 것이다. 평소에는 친절한 상사가 꿈에는 심술궂은 인물로 나왔다면 그것은 꿈꾼 사람이 무의식중에 상사를 그러한 존재로 느끼고 있었기 때문에 그랬을 수도 있다.

다음 사례는 교양심리학 강의 시간에 제출된 리포트 '지금까지 가장 인상 깊었던 꿈을 보고하라' 중 한 사례이다.

꿈 사례 4-1

어머니가 둘이나 있는 꿈을 꾼 적이 있다. 꿈이 너무나 생생해서 끔찍할 정도이다. 눈앞에 어머니가 둘이나 앉아 있는데 한 어머니가 웃고 있었다. 그 웃음이 왠지 섬뜩했다.

(K대학 경제학과 1학년 남학생)

이 꿈은 보통 방법으로는 풀어낼 수 없을 것 같다. 그렇다면 프로이트의 제자이자 아동 분석 분야를 개척한 멜라니 클라인의 정신분석적 발달이론을 참고하기로 하자.[20)]

클라인의 발달이론은 매우 복잡한데 여기서는 그림으로 단순화시켜서 설명하겠다. 그림 4-2에서 (a)는 생후 7, 8개월 된 아이의 내면세계이다. 즉 이미지의 세계이다. 아이는 아직 자기와 엄마를 구별하지 못하기 때문에 이미지의 세계에서 자기와 엄마는 통합되어 있다. 엄마에게는 아이를 안아주고 젖을 주는 좋은 면도 있는 반면, 아이가 아무리 울어도 와주지 않는다거나 화를 내기도 하는 나쁜 면도 있다. 아이는 그것을 같은 사람에게 다른 면이 있다고 이해하지 못하고 좋

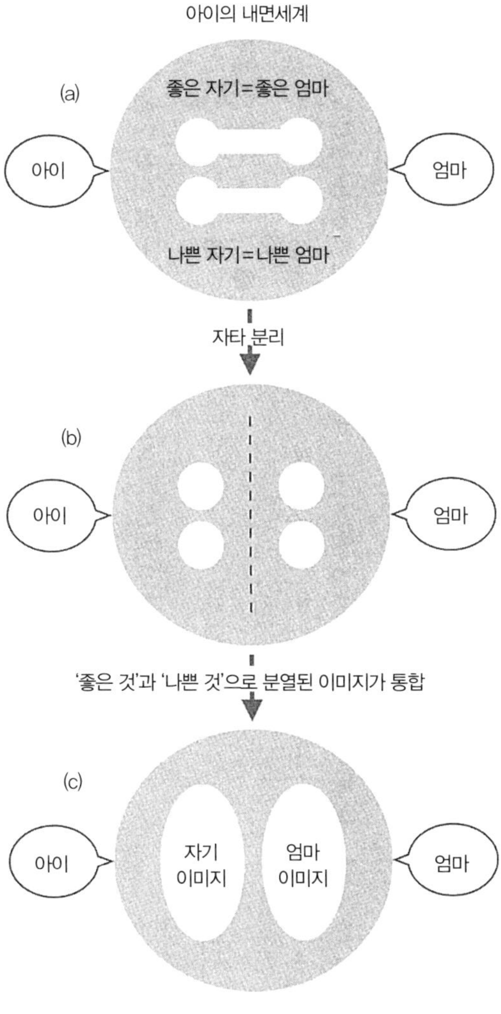

그림 4-2 **7, 8개월에서 3세 무렵까지 아이의 내면세계의 발달 단계** (a) 7~8개월, (b) 중간 시점, (c) 3세

은 엄마와 나쁜 엄마로 나누어 엄마가 둘이라는 이미지의 세계를 만들어버린다.

아이는 엄마 이미지를 둘로 나누어 인식하는 것에 대응해서 자기 이미지도 둘로 나누어 인식한다. 그 뒤 8개월에서 18개월 정도가 되면 먼저 엄마 이미지와 자기 이미지가 분리되어 자기와 엄마는 다른 존재라는 것을 인식한다(그림 4-2 (b)). 그리고 30개월이 되면 비로소 좋은 엄마와 나쁜 엄마, 좋은 자기와 나쁜 자기가 한 인물로 통합되어 그림 4-2 (c)와 같은 내면세계가 형성된다.

단, (c) 이전인 (a)와 (b)의 이미지가 완전히 해소된 상태는 아니다. 의식 밑 무의식을 뚫고 들어가 환상 속에서 살아가다가 꿈이나 정신병처럼 의식의 힘이 약해졌을 때를 틈타고 의식 세계로 분출되는 것이다.

꿈 사례 4-1에서 두 엄마란 바로 이 무의식의 환상 속에 사는 좋은 엄마와 나쁜 엄마가 아닐까? 물론 한 가지 예만으로는 검증할 방법이 없지만 원리상 검증이 가능한 가설이다.

지금 이 책 주제에서 다소 비켜난 내용을 소개하는 까닭은 이렇게 불가사의한 꿈조차 해석할 수 있고 검증 가능한 가설을 세울 수 있는, 심층심리학의 위력을 전하고 싶은 마음에서 비롯된 것이다.

5

내용분석의 방법(2)
-충동 · 금지 · 벌, 갈등과 문제

충동 · 금지 · 벌

프로이트가 모든 꿈은 소망충족이라고 주장한 것도 무리가 아닐 만큼 꿈속에는 소망 · 욕망충동이 넘치고 있다. 하지만 욕망은 꿈속에 직접적으로 드러나기보다는 이미지라는 옷을 입고 상징적으로 표현되는 것이다. 이것을 홀의 꿈 상징의 인지이론으로 설명했듯이 같은 성적 욕망충동이라고 해도 그것을 공격적인 것으로 느낀다면 그 욕망이 상대를 창으로 찌르거나 혹은 창에 찔리는 행위로 표현될 것이다. 이와 반대로 성적 욕망을 생명 탄생과 성장의 원동력으로 느낀다면 그 욕망이 밭을 갈거나 씨앗을 뿌리는 행위로 표현될 것이다. 이것은 성교를 상징한다.

소망충동이 있으면 우리의 내면으로부터 소망을 검열하는 금지가 있고 내적인 벌이 있다. 금지된 소망은 몸이 움직이지 않는 것, 벽과 열쇠로 잠긴 문, 사고로 발이 묶이는 것, 경찰의 출현 등으로 나타난다. 또 벌은 불행이나 천재지변, 체포를 당하거나 교수형에 처해지는 것 등으로 나타난다. 그리고 그것들이 어떠한 형태로 표현될지는 꿈꾸는 사람 자신의 내적 금지와 벌에 대해 어떠한 무의식적 이미지를 품고 있느냐에 따라 달라진다.

갈등과 문제

분열된 셀프이미지와 대립하는 소망충동은 갈등으로 이어진다. 자신이 처한 갈등 상황이나 자신이 안고 있는 의식적 · 무의식적 문제는 꿈을 통해 어떤 식으로 표현될까? 구체적인 사례에 입각해서 '가설'을 세워보자.

꿈 사례 4-2는 홀의 저서(1953)에 인용된 미국 남자 대학생의 꿈이다. 이 꿈을 토대로 내용분석을 해보자.

꿈 사례 4-2

나는 교실 칠판 앞에 서서 삼각법 문제를 풀고 있었다. 하지만 질소 원소값이 떠오르지 않아 문제가 잘 풀리지 않았다. 그런데 한 여자아이가 들어오더니 같이 춤을 추지 않겠냐고 물었다. 음악이 아름다웠다. 템포는 빨라졌다 느려졌다 변화가 심했지만 춤추는 내내 정확하게 스텝을 밟을 수 있었다. 그녀는 춤을 아주 잘 추었다. 음악이 멎자 우리 두 사람은 교내 샤워장에 있었다. 그러나 아직 옷을 입고 있었기에 그녀의 옷을 벗기려고 생각했지만 이런 경험은 처음이라서 함께 웃으며 물을 끼얹기만 하다가 말았다.

장면이 바뀐다. 나는 건물 밖에 있다. 밤이었다. 창문이 모두 환하고 안에서는 파티가 열리고 있는 것 같았다. 나는 이루 말할 수 없이 고독했다. 건물 안으로 들어가려고 했지만 무언가가 나의 발목을 붙잡았다. 교회에서 종소리가 울리기 시작했다.……

우선 맨 처음에 나오는 항목인 '자기 역할'에 주의한다. 자기 역할이 '문제를 부지런히 풀고 있는 학생'인 것을 보니 꿈꾼 사람의 자기상은 '부지런한 학생'이라는 가설 ①이 나온다. 문제가 잘 풀리지 않았다는 것은 이 자기상 어딘가에 바라는 대로 되지 않는 곳이 있음을 암시한다.

다음으로 '한 여자아이'가 등장인물로 나온다. 이 여자아이는 꿈꾼 사람의 성적 충동을 상징한다고 볼 수 있다. 여자아이에게 유혹당하는 것은, 꿈꾼 사람이 '자신의 성적 충동은 학업을 방해하는 성가신 것이며 자신은 그 희생자라는 이미지'로 파악하고 있음을 나타낸다(가설 ②).

여자아이의 등장과 함께 자기 역할도 변한다. 이것은 꿈꾼 사람에게는 또 하나, '쾌락주의자'라는 자기상이 있음을 나타낸다(가설 ③). 하지만 샤워장 장면에서 보이듯이 이 자기상에도 원하는 대로 되지 않는 부분이 있는 듯하다.

꿈꾼 사람의 자기상은 둘로 분열되어 있다. 그리고 서로 상반되는 목적을 추구하고 있기에 이 두 모습 사이에서 갈등이 일어난 것이다. 그것이 어느 쪽의 자기상도 바라는 대로 되지 않는 원인이라고 볼 수 있다(가설 ④).

꿈 후반부에서는 고독한 자신이라는 자기 역할이 새로 추가된다. 파티가 열리고 있는 건물은 쾌락주의자라는 자기상의 목표이다. 그런데 건물 안으로 들어가려고 하면 무언가가 꿈꾼 사람을 붙잡는다. 이것은 내면적인 '금지'가 구체화된 것이다.

이 내면적인 금지의 정체는 무엇일까? '교회에서 울리는 종소리'로 볼 때 그것은 꿈꾼 사람이 '어릴 때부터 받아온 종교 교육일지도 모른다'라는 가설 ⑤가 나온다.

정리하면, 이 학생의 내면적인(거의 무의식적일지도 모르는) 문제란, '어릴 때 받은 종교 교육의 영향으로 성적 충동을 본인의 것이 아니라 자신을 위협하는 외부의 존재로 파악하고 그 때문에 자기상이 둘로 분열되어 서로 갈등함으로써 순조롭게 확립되지 못하고 있다(가설 ⑥)'고 할 수 있다.

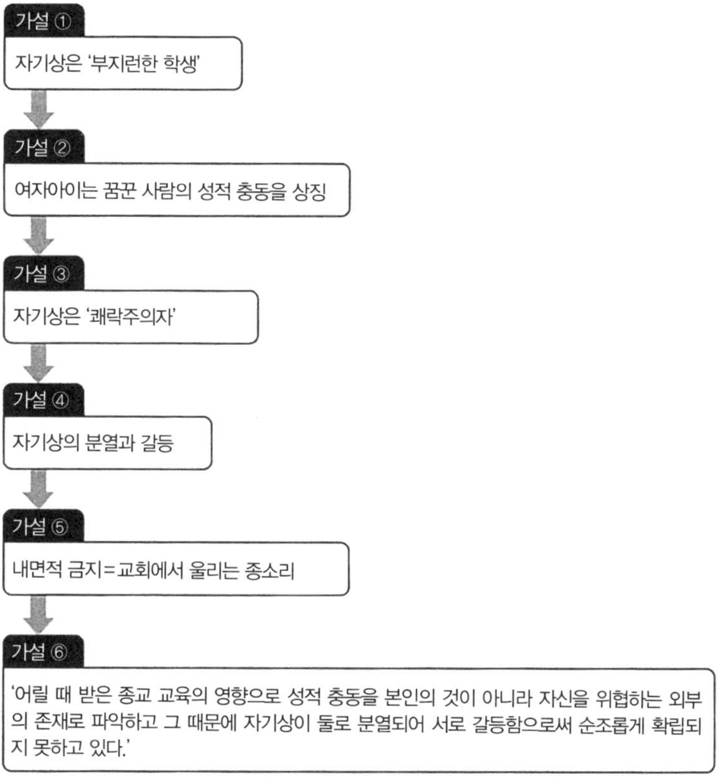

그림 4-3 **홀이 분석한 미국 대학생의 꿈**

이들 가설의 흐름을 그림 4-3에 정리해본다.

두말할 필요 없이 이는 모두 연이어 꾸게 되는 꿈을 통해서 검증되지 않으면 안 된다.

6

인격의 심층을 이해하기 위한 꿈 해석

지금까지 살펴보았듯이 홀에게 꿈 분석의 목표란 꿈 하나하나의 의미를 해석하는 것이 아니다. 그 목표는 꿈 분석을 통해서 꿈꾼 사람의 인격의 심층을 이해하는 것이다.

이 점은 프로이트와 융의 꿈 해석에 있어서도 기본적으로 같다. 흔히 꿈의 심층심리학적인 해석이라고 하면 개개의 꿈에 숨은 의미가 있고 그 의미를 해석하는 것이 목적이라고 여기는 경향이 있지만 분명히 말해서 그것은 오해이다. 꿈의 해석은 원리와 목적 면에서 심리 테스트의 일종인 투영검사법과 비슷하다고 할 수 있다.

대표적인 투영검사법인 로르샤흐 테스트에서는 피검사자에게 그림 4-4와 같은 잉크 반점을 보여주고는 그것이 무엇으로 보이는지 물어본다. 그러면 어떤 사람은 '박쥐', 어떤 사람은 '도깨비 가면', 또 어떤 사람은 '두 마리의 새끼 너구리가 춤을 추고 있다'고 답하는 등 반응이 제각각이다. 사실 이 반점 자체는 보드지에 아무렇게나 잉크를 떨어뜨린 뒤 반으로 접어서 우연히 생긴 모양에 불과하며 원래는 의미 없는 얼룩에 지나지 않는다. 그런데 피검사자들은 그것에 무의식적 욕구와 생각을 투영해서 답하기 때문에 다양한 반응이 나오는 것이다. 그리고 검사자는 이 반응을 해석해서 피검사자의 무의식 세계를 탐구하려고 한다.

꿈의 해석도 기본적으로는 이와 같은 진단을 하고 있는 셈이다. 게다가 검사자와 피검사자가 마주 보고 대화하는 로르샤흐 테스트 같은 투영검사법에서는 아무래도 무의식의 자기 방어가 작동하기 때문에 피검사자는 반응을 억제하기 쉽다. 이에 반해 꿈의 세계에서는

그림 4-4 **로르샤흐 테스트의 도판** 학생이 시험 삼아 그린 예

자기 방어의 힘이 지극히 약해진다.

그 때문에 꿈의 해석은 어떤 투영검사법보다 더한층 인격의 심층에 닿을 수 있는 가장 강력한 투영검사법이 된다고까지 할 수 있을 것이다.

7

꿈의 통계학적 연구에서 꿈의 진화이론으로

홀과 밴 드 캐슬이 1966년에 발표한 꿈의 내용분석은 여태까지 살펴본 개념만이 전부는 아니다. 이들의 연구는 인간관계를 맺은 상대는 누구인지, 관계는 호의적인지 비호의적인지, 그리고 그 행위에는 공격이나 도주의 요소가 있는지의 여부와, 성공과 실패, 행운과 불운, 소도구의 종류, 과거의 요소 등을 추출하고 어느 한 꿈 계열과 다른 꿈 계열을, 혹은 집단의 꿈을 정량적 · 객관적으로 비교할 수 있게 한 코드화 시스템을 만들어낸 데 의의가 있다.

다만 코드화는 상당히 성가신 작업이다. 참고로 나 자신도 첫 직장인 고치대학에 들어가 심리학 강의를 막 맡았을 무렵 세 여학생과 함께 꿈 기록을 수집해서 코드화 작업을 시도한 적이 있었다. 세 여학생은 그것으로 논문을 써서 졸업했다. 나는 그것을 일본 심리학회에 발표했는데 그간 들인 노력에 비하면 그다지 재미는 없더라는 식의 평가밖에 못 얻었다.

사실 마땅한 가설을 검증하자는 명확한 목표도 없이 그냥 한번 집단의 꿈 내용을 조사하거나 집단 간 비교를 시도해보아도 쏟아부은 노력에 비하면 코드화 작업은 얻는 것이 적을 것이다. 예컨대 홀 연구진은 1950년대와 1980년대 대학생들의 꿈을 비교한 결과 꿈 내용에는 거의 변화가 없다는 사실을 발견한다. 더욱이 지난 30년 동안 페미니즘 운동이 혁혁한 성과를 거둔 데 비해서도 남녀 간 꿈 내용의 차이에 큰 변화가 없었음에 그들은 놀라워한다.[21)]

또한 나라와 문화권이 달라도 앞서 서술한 방법으로 코드화된 꿈 내용에는 그리 큰 차이가 없다는 점도 새롭게 발견한다. 그렇게 해서 도출된 꿈의 일반적 특징은 다음과 같다.[22)]

- 남성, 특히 독신 남성의 꿈에는 여성보다 남성에 관한 것이 더 많이 등장한다. 남성이 여성보다 두 배나 더 많이 등장한다. 여성의 꿈에는 남성과 여성이 거의 같은 수로 등장한다.
- 여성의 꿈에는 낯선 사람보다 친한 사람이 더 많이 나오는 반면, 남성의 꿈에는 낯선 사람이 더 많이 나온다.
- 배경이 여성의 꿈에는 야외보다 실내가 더 많고, 남성의 꿈에는

야외가 더 많다.

- 성별에 관계없이 꿈에 등장하지 않는 것은 동물, 죽음에 관한 것과 상상 속 인물이며, 반대로 이것들은 아이의 꿈에 자주 등장한다.
- 남녀 모두 꿈에 타인과 우호적 혹은 공격적인 접촉 · 교류가 거의 같은 비율로 등장하지만, 남성의 꿈은 공격성과 성적 내용을 더 많이 내포하는 데 반해서 여성의 꿈은 주로 섬세한 감정 묘사와 함께 정서적인 내용을 더 많이 내포한다.
- 남녀 모두 꿈에서 느끼는 감정은 슬픔, 분노, 공포 등 강한 부정적인 감정이고, 기적과 행운을 잡는 경우 등 행복한 상황보다는 사고, 부상, 예기치 않은 말썽 등 불행한 상황이 더 자주 등장한다.

홀의 시대에는 이러한 발견이 어떠한 가설을 지지하게 되는지 그것에 대한 확실한 인식이 없었다. 연구에 들인 노력에 비해 관심도가 낮은 것도 이상한 일은 아니었다. 그러나 오늘날 우리는 마음의 진화생물학 이론, 즉 진화심리학이라는 새로운 학문 분야가 있음을 안다. 이에 8장에서는 현대의 진화심리학자들이 꿈은 무엇 때문에 꾸는지에 대해서 진화론에 입각한 가설을 세우고 그 가설을 검증하기 위해 내용분석을 바탕으로 하는 코드화된 꿈의 통계학적 데이터를 활용하는 모습을 소개하겠다.

5장

꿈에는 아무런 의미도 없다?
—렘수면의 구조와 꿈의 뇌생리학적 모델

1

동물의 렘수면 메커니즘

3장에서 보았듯이 1950년대 전반에 렘수면의 발견을 계기로 꿈이라는 주관적인 현상을 객관적 · 자연과학적으로 연구가 가능하게 됨으로써 꿈 과학은 드디어 현대과학의 반열에 서게 된다. 그렇지만 렘수면이 뇌의 어느 곳에서 어떤 구조로 발생하는가 하는, 렘수면의 뇌생리학적인 메커니즘을 밝혀내는 데 사람을 대상으로 한 실험과 연구는 한계가 있었다. 동물실험이 진전되기를 기다릴 수밖에 없었다.

고양이의 뇌를 실험하고 연구하여 렘수면의 뇌생리학적 구조를 밝힌 공로자는 프랑스 리옹대학을 중심으로 미셸 주베(Michel Jouvet)가 이끈 연구진이었다. 여기에는 도쿄대학 심리학과를 졸업하고 프랑스로 가 주베를 사사한 기타하마 구니오를 비롯한 연구원들도 참여했다. 이 장은 기타하마의 저서[23]와 주베의 번역서[24]를 참고했다.

기타하마에 따르면 젊은 외과의였던 주베는 파블로프의 조건반사 이론에 흥미를 느끼고 뇌신경생리학의 메카로 불리던 캘리포니아로 건너가 호러스 매곤(Horace W. Magoun) 밑에서 연구했다. 프랑스에 돌아온 후에는 리옹에서 뇌조직 일부를 제거한 고양이를 대상으로 계속 실험했다. 조건반사가 일어나려면 파블로프는 신피질이, 매곤은 뇌간이 중요하다고 생각했기 때문에 피질을 제거하고 뇌간만 남겨도 조건반사가 일어나는지 확인하기 위한 것이다.

뇌간 아래쪽에는 연수가 있고 그 위쪽으로는 뇌교(腦橋), 중뇌, 시상 · 시상하부가 이어지며 좌우 대뇌반구에 이른다. 고양이의 뇌를

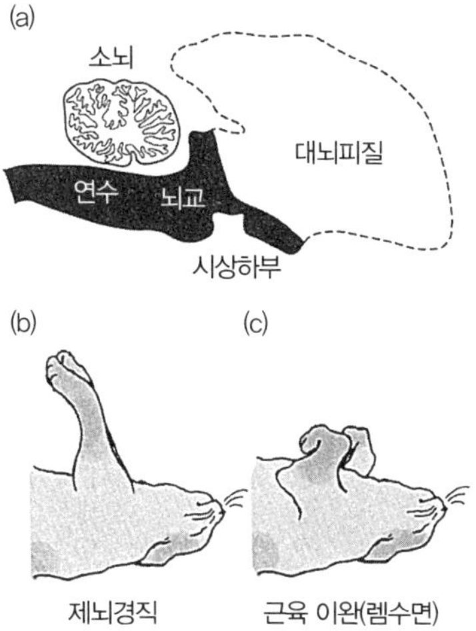

그림 5-1 **뇌교를 제거한 고양이와 제뇌 경직** 기타하마 구니오, 《뇌와 수면》(2009)을 참고로 작성.

뇌교와 중뇌 사이에서 절단해서 위쪽을 제거한다. 단, 시상하부는 자율신경계의 중추이므로 남겨둔다. 이 고양이를 일컬어 뇌교 고양이라고 하는데 자가 호흡도 하고 장기간 생존도 가능하다. 뇌교 고양이는 뇌 위쪽이 없어 운동 제어가 안 되기 때문에 근육이 긴장한 채로 있다(그림 5-1). 이를 제뇌경직(除腦硬直, 뇌를 제거한 포유류에 나타나는 전신 근육의 비정상적인 긴장을 일컫는다_역자)이라고 한다.[25)]

그런데 근육 이완이 일정한 주기로 관찰되었고 심지어 렘수면의 출현 주기도 이전과 동일했다. 급속안구운동도 일어났다. 뇌간에 붙인 전극에서는 불규칙한 스파이크가 일었다. 이는 나중에 PGO파로 불린다. PGO란 뇌교(Pons), 슬상체(Geniculate body), 후두엽(Occipital lobe)의 머리글자를 딴 것으로, 뇌교에서 생겨 시상의 시각 중추핵인 외측 슬상체를 거쳐 대뇌피질 후두엽으로 흘러가는 흥분파이다.

PGO파는 사람에게도 나타난다. 불규칙적으로 발생하는 이 자극이 급속안구운동을 일으키고 또 대뇌피질을 자극해서 꿈의 내용을 변화시킨다고 보고 이에 관한 연구가 진행되고 있다.

이렇게 해서 뇌교를 포함한 뇌간이 렘수면 발생에 필요조건이라는 사실이 알려지자 많은 연구가 시작됐고 렘수면 발생의 메커니즘에도 다양한 가설이 등장했다. 당초, 주베는 뇌교의 청반핵을 렘수면이 발생하는 곳이라고 보았지만 청반핵이 손상된 고양이도 렘수면을 한다는 사실이 밝혀짐으로써, 주베의 가설은 무너졌다.[26)]

2

홉슨의 심뇌공간모델

3장에서도 언급했듯이 앨런 홉슨은 과격한 반프로이트적 언사로 유명한 꿈 과학자이다. 처음엔 하버드대학 대학원에서 1955년 당시 주류였던 프로이트적인 역동적 정신의학을 배웠지만 뇌 과학을 알고 난 뒤엔 역동적 정신의학에 점차 회의를 느꼈다. 그 뒤 홉슨은 국립정신위생연구소(NIH)에 근무하면서 렘수면 연구에 관심을 갖기 시작하더니 1963년에 리옹으로 건너가 주베의 지도 아래 1년간 연구했다.[27)]

PGO파의 특성을 연구하던 홉슨은 뇌간에서 시상하부를 떼어낸 뇌교 고양이에서는 렘수면이 30분마다 규칙적으로 나타난다는 사실에 주목하고는 뇌교에 렘수면을 발생시키는 시계가 있다고 가정했다. 그리고 그는 세포 하나하나에 미소 전극을 꽂아서 신경세포 활동을 기록하는 실험을 생각해냈다. 그러나 주베는 영미 스타일의 환원주의를 선호하지 않았다. 결국 홉슨은 프랑스에서는 이런 종류의 실험이 불가능함을 깨닫고 유학생활 1년이 채 끝나기 전에 하버드로 돌아가 1968년에 정신위생연구소에서 로버트 맥칼리와 함께 고양이 뇌교의 단일세포기록실험을 실시했다.[28)]

그 뒤 홉슨과 맥칼리는 1977년에 '활성화-종합 가설'을 발표하고 꿈은 뇌 속 신경전달물질의 균형 변화에 의해 만들어지는 것이라고 주장했다.[29)]

깨어 있을 때에는 노르에피네프린(노르아드레날린)과 세로토닌이라는 아민계 신경전달물질을 각각 분비하는, 노르아드레날린 작동성 뉴런과 세로토닌 작동성 뉴런의 활동이 왕성하다(그림 5-2. 아드레날린은 미국에서는 한 제약회사가 상표로 등록했기 때문에 에피네프린이라고 일컬으며 노르아드레날린은 노르에피네프린이라고 한다).

노르에피네프린은 주의 집중에 관여하는 물질이다. 세로토닌은 일반적으로 기분을 조절하는 호르몬이다. 우울증 치료제로는 프로작과 SSRI(Selective Serotonin Reuptake Inhibitor, 선택적 세로토닌 재흡수 억제제)가 알려져 있는데 이것은 시냅스에서 방출된 세로토닌이 시냅스에 다시 흡수되면 불활성화되기 때문에 재흡수를 억제시켜서 세로토닌 활성을 유지하고 시냅스 전달을 증가시키는 효과가 있다(그림

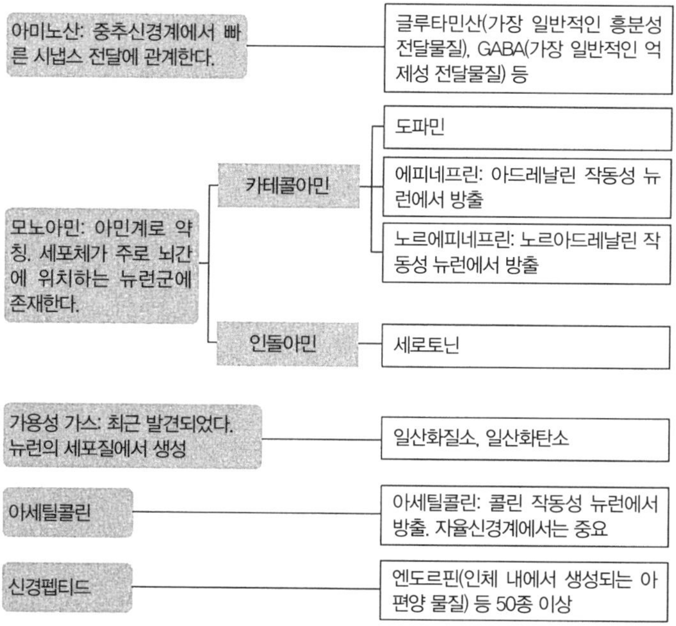

그림 5-2 **신경전달물질의 분류** 최근, 매체를 통해 다양한 신경전달물질이 거론되지만 이를 자세하게 나열하면 혼란만 가중되므로 계통별로 정리했다. 존 피넬, 《바이오사이콜로지》(니시무라쇼텐, 2005), 74쪽을 참고로 작성.

5-2).

아민계 세포의 활동이 저하되면 논렘수면에 들어간다. 일정 시간이 지나고 어떤 원인으로 아민계 세포의 활동이 가장 정체 상태가 되면 콜린 작동성 세포가 활발해진다. 그 결과 아세틸콜린이 분비되어 시상 중계핵을 자극하고 신피질과 변연피질이 활발해져서 렘수면에 들어간다. 결국 간단히 말해서 뇌 속 신경전달물질이 아민계 우위에서 콜린계 우위로 전환되는 것이다.

홉슨은 나중에 이 관계를 그림 5-3에 나오는 3차원 모델(AIM모델)로 나타냈다(A[활성화] · I[입력 정보원] · M[모드]).

M차원에서 말하자면 콜린 우위인 렘수면 동안에는 뇌의 활성도가 높지만(A차원: Activity가 높다) 외부로부터의 입력정보는 차단(I차원: 입력(Input) 정보원(源)이 내적 요인에 따름)되고 운동신경으로 내보내는 출력신호도 차단되기 때문에 몸을 움직일 수 없다. 그 때문에 뇌는 내부에 있는 이미지와 감각을 마치 현실처럼 해석해버린다. 이러한 상

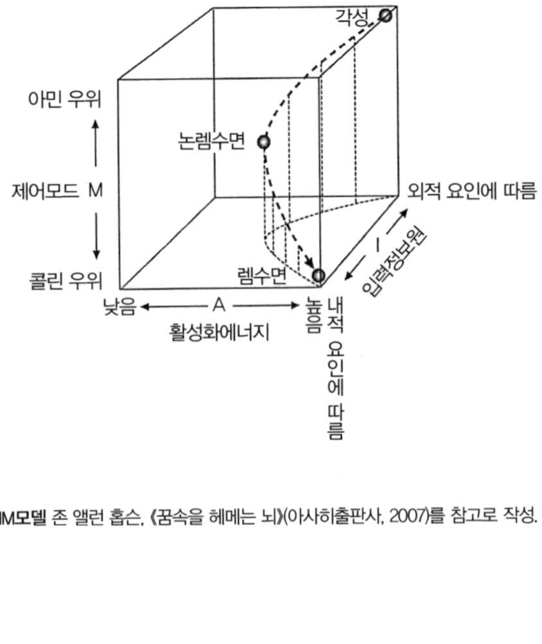

그림 5-3 **AIM모델** 존 앨런 홉슨, 《꿈속을 헤메는 뇌》(아사히출판사, 2007)를 참고로 작성.

태에서 뇌간으로부터 나오는 PGO파의 자극을 받으면 공포나 낙하 등 아무 맥락도 없는 강렬한 감정이나 감각이 생겨난다. 뇌는 그 신호에 맞춰서 꿈의 줄거리를 만들려고 한다.

이렇게 해서 홉슨과 맥칼리는 꿈을 만드는 과정에 '관념이나 의사결정, 감정변화 같은 것은 일체 관여하지 않는다'고 결론 내렸다. 결과적으로 꾸게 된 꿈은 대뇌피질이 뇌간에서 불규칙적으로 나오는 PGO파라는 신호에 자극을 받아서 '악전고투 끝에 일부라도 앞뒤 줄거리를 맞추려고' 만들어진 대용물이라고 한다.[30)]

3

꿈은 무의미할뿐더러 꿈 해석은 해롭다?

PGO파의 발견으로 렘수면과 꿈의 뇌생리학적인 모델이 완성되자 홉슨의 주장처럼 꿈에는 아무런 의미가 없다는 말이 뇌 과학자들 사이에서 힘을 얻었다. 그러한 주장의 대표적인 예가 프랜시스 크릭과 그레엄 미치슨이 발표한 탈학습이론이다.[31)]

크릭은 다재다능한 사람으로, 전공을 물리학에서 분자생물학으로 바꾼 뒤 왓슨과 함께 1953년에 DNA의 이중나선 구조를 발견하여 노벨상의 영예를 안았다. 그 뒤 왓슨이 분자생물학의 대가로 계속 군림한 것과 대조적으로 그는 의식도 과학의 연구 대상이 된다며, 의식과학 분야에 새롭게 관심을 돌려 1994년에 《DNA에 혼은 있는가-경이의 가설》[32)]을 발표했다. 1983년에 미치슨과 이름을 함께 올려

발표한 탈학습이론도 의식 과학으로 가는 도정의 산물이었다고 볼 수 있다.

일상용어로 학습이라고 하면 다소 의도적으로 하는 공부를 뜻하지만, 심리학에서 쓰는 전문용어로 '학습(learning)'이란 경험에 의한 일시적 내지 영속적인 행동의 변화를 모두 가리키는 개념이다. 우리는 깨어 있을 때 끊임없이 그리고 의도하지 않아도 학습을 한다. 학습의 가장 기본 원리는 '통합'이다. 아이가 고양이라는 말을 학습한다는 것은 엄마의 '고양이'라는 목소리와, 눈앞에서 야옹 하고 울며 털투성이에 네 발 달린 모습을 한 동물 사이에 통합이 형성되는 것이다.

이렇게 해서 깨어 있는 상태에서 학습하고 연이어 그 학습의 결과를 머리에 새기는 것은 뇌의 기억에 엄청난 부담을 주게 된다. 머잖아 기억용량을 초과할 것이다. 그래서 뇌에는 학습 과정과 그 반대 과정을 실행하는 기능이 있다고 상정할 수 있다. 바로 학습된 것을 잊어버리는 탈학습 기능이다. 이 기능을 작동시키는 것이 PGO파 등으로 자극을 뇌간에서 대뇌로 보내는 렘수면이 아닐까? 이른바 렘수면은 우리가 정기적으로 컴퓨터의 필요 없는 메모리를 지우고 유지관리하는 것과 같은 기능을 수행하고 있는 셈이다.

크릭 연구진은 탈학습이론을 지지하는 근거로 오스트레일리아 남동부 태즈메이니아 섬에 서식하는 가시두더지(그림 5-4)를 들었다. 이

| 그림 5-4 **가시두더지**

동물은 원시 난생 포유류로 렘수면이 미발달했는데도 그에 어울리지 않게 큰 대뇌피질을 갖고 있다. 크릭 연구진은 그 이유를, 가시두더지는 렘수면을 하지 않아 불필요한 기억을 소거할 수 없기 때문에 메모리를 저장하는 대뇌피질이 크게 발달한 것이라고 설명한다.

탈학습이론이 옳다면 꿈은 메모리를 소거할 때 새어 나오는 노이즈 같은 것이라는 이야기가 된다. 그뿐만 아니라 꿈의 해석 따위는 애써 소거한 불필요한 기억을 일부러 불러내는 것이 되므로 도리어 정신 건강에 해로울 수도 있다는 이야기가 되어버린다. 그래서 탈학습이론이 발표됐을 당시에는 크릭의 인지도도 한몫하여 엄청난 반향을 불러일으켰다.

다만 이 이론은 가시두더지 외에 이렇다 할 경험적 증거가 없다는 것이 결점이다. 본디 렘수면이 불필요한 기억을 소거해주는 일을 한다면 불필요한 기억이란 나이를 먹을수록 쌓이게 마련이므로 렘수면도 나이에 따라 늘어난다고 보아야 할 것이다. 그런데 3장(그림 3-7)에서 보았듯이 렘수면은 불필요한 기억이 별로 없을 것 같은 신생아 때 가장 많고 나이를 먹을수록 줄어든다.

따라서 똑같이 학습과 관련이 있다고 보는 '학습이론'에서도 오늘날에는, 렘수면은 학습의 결과인 기억을 정리하고 강화하는 기능을 한다는 긍정적인 의미의 학습이론이 유력하다. 이에 관해서는 여러 가지 경험적 증거가 발견되어 연구가 계속 진행되고 있는데 그 내용은 다음 장에서 정리하겠다.

6장

렘수면의 기능
—기억의 정리?

1

꿈과 렘수면의 기능에 관한 1987년 당시 네 가지 주요 학설

꿈은 억압된 소망을 충족하기 위해 생물학적으로 수면을 보호하는 기능을 한다는 것이 프로이트가 1세기 전에 《꿈의 해석》에서 주장한 이론이었다. 무엇 때문에 꿈을 꾸는가 하는 문제는 렘수면의 발견 후에는 '렘수면의 생물학적 기능은 무엇인가'라는, 더욱더 자연과학적인 문제로 치환되어 계속 연구되고 있다. 현재까지 이렇다 할 결정적인 이론은 없으므로 도호대학 명예교수인 도리이 시즈오가 《꿈을 꾸는 뇌》(1987)에 정리한 네 가지 주요 학설을 먼저 소개하기로 하겠다. 이 책은 내가 고치대학에서 도호대학으로 옮겨와서 개설한 교양 연구 수업인 '꿈 과학'에서 사용했던 교재로, 일본 렘수면 연구의 창시자가 저술한 만큼 대단한 저서이지만 절판되어서 아쉽다.

① 본능적 충동의 해방설

프로이트의 소망충족설을 연장한 개념으로 오늘날 적잖은 지지를 받고 있는 학설이다. 고양이를 렘단면(斷眠)하면 고양이의 식욕과 성욕이 항진한다는 사실과도 일치한다(렘단면이란 렘수면에 들어갈 때마다 강제로 깨어나게 해서 렘수면만 선택적으로 박탈하는 것이다. 고양이를 물에 넣고 머리만을 물 위에 있는 받침대에 얹어둔다. 이때 고양이가 렘수면에 들어가면 근육의 긴장이 풀려 머리가 물속으로 떨어지려고 하게 된다. 그때마다 고양이는 잠에서 깨어나기 때문에 렘단면이 되는 것이다). 또 많은 연구자가, 꿈은 현재 안고 있는 문제와 갈등을 잘 도려내어 깨어 있을 때 심리적으로 더 잘 적응하며 살아가게 해주는 수단이라고 주장한다.

② 호메오스타시스설

수면은 대뇌피질 활동이 현저하게 저하된 상태이며 그것이 필요하긴 하지만 너무 오래 지속되면 위험하므로 렘수면으로 뇌를 주기적으로 흥분시킬 필요가 있다는 학설이다. 또 사람을 비롯한 많은 포유동물에서 신생아와 태아에게 렘수면이 자주 나타나는 까닭은 외부의 감각 자극이 적은 상태에서도 대뇌피질이 적절하게 발달하도록 내부에서 자극을 가하는 것이라고 볼 수 있다.

③ 학습기억설

우리가 정기적으로 컴퓨터의 필요 없는 메모리를 지우고 유지 관리하는 것처럼 렘수면이 그날 수집한 정보 중 불필요한 것은 소거하고 다음 날 또 새로운 정보를 수집할 수 있도록 작용한다는 학설이다. 앞 장에서 이미 언급했듯이 이것은 탈학습이론으로, 1983년에 DNA 이중나선 구조를 발견한 사람 중 하나인 크릭이 주장하여 유명해진 내용이다. 그러나 이 주장은 유아와 신생아 등 불필요한 정보를 저장하기 전 단계에 있는 아이들에게 오히려 렘수면이 더 많이 나타난다는 사실과 어긋난다.

같은 학습기억설을 주장하는 학자라도 어떤 학자는 렘수면이 유용한 기억을 강화한다고 한다. 원래 주베의 연구실에서도 학습한 후에 렘수면이 늘어났으며, 학습한 후에 렘수면을 통제하면 24시간 후 기억이 흐릿해진다는 사실이 행동학적으로 밝혀진 바 있는데[33)]최근 여러 동물실험을 통해서 검증되고 있다. 이에 관해서는 다음 절에서 자세히 서술하겠다. 또 기억 강화(memory consolidation)란 예컨대 보통 전화번호는 한번 걸고 나면 잊어버리지만 몇 번 걸다 보면 어느새 기억하게 되는 현상, 즉 단기기억이 장기기억으로 전환되는 것을 뜻하는 말이다.

④ 회복설

렘수면 중에 낮 동안 쌓였던 피로가 회복된다는 학설이다. 연일 계속되는 스트레스나 걱정거리, 새로운 과중한 학습, 특히 그 학습 자체가 다소 부담으로 느껴지는 경우 등에 렘수면이 많이 요구된다는 조사 결과와도 합치한다. 신경생리학적인 피로회복설도 있다.

2

렘수면이 기억을 정리한다

몇 년 전부터 일단 뇌에 어지럽게 입력된 정보는 렘수면 중에 처리되는데 이때 유용한 기억은 강화되고 오래된 기억과도 통합되어 출력되기 쉬운 정보로 정리된다고 하는 주장이 곳곳에서 들리기 시작했다. 게다가 이 처리는 렘수면이라는 '오프라인' 상태에서, 다시 말해서 운동신경계와 분리되어 작동하므로 어릴 때 받은 무서운 기억이 꿈에 불쑥 나타나더라도 침대에서 벌떡 일어나는 일 따위 없이 안전하게 진행된다는 것이다.

이 기억정리설의 대표 격이 〈사이언티픽 아메리칸〉지에도 실리고, 그와 거의 동시에 일본에도 번역 소개된 조너선 윈슨의 '꿈이 기억을 처리한다[34]'라는 논문이었다.

윈슨은 우선, 세타 리듬에 착안했다. 세타 리듬이란 토끼나 래트의 해마에서 나오는 초당 6회 정도의 사인곡선 같은 규칙적인 신호를 가리키며 이미 발견된 세타파에서 그 이름을 따온 것이다.

세타 리듬은 토끼라면 주위를 불안스레 경계하고 있을 때, 래트라면 주위를 탐색하고 있을 때, 유대류인 식육동물이라면 다른 동물을 잡아먹을 때 나오는데 렘수면 중에도 나온다. 해마가 기억처리에 관여하기 때문에 세타 리듬은 종의 생존을 위한 필수 정보, 즉 토끼라면 경계에 관한 것, 래트라면 탐색에 관한 것 등이 렘수면 동안 기억으로 재처리되는 신경전달과정을 반영한다고 보았다.

윈슨 연구진은 래트의 경우 깨어 있는 상태에서 장소를 탐색할 때 활동하는 해마의 뉴런들이 그 탐색하는 장소에 따라 각각 다르다는 사실을 몇 가지 실험을 통해 발견했다. 그리고 래트가 깨어 있을 때 어떤 장소를 탐색하는 데 관여했던 뉴런은 렘수면 중 활동전위가 높은 비율로 발생하는 반면, 그 장소를 탐색할 때 관여하지 않았던, 즉 다른 장소를 탐색하는 데 관여하는 뉴런은 활동전위가 높아지지 않는다는 사실도 알아냈다. 뉴런 내에서 비교적 먼 거리로 전기적 신호를 보내는 것이 바로 활동전위이다. 운동 뉴런의 활동전위 전달 속도가 사람의 경우는 초속 60미터인 데 비해 고양이는 초속 100미터에 이른다. 이것이 고양이가 인간에게 잡히지 않는 이유이다.

윈슨은 세타 리듬을 시냅스에서의 장기적인 변화인 장기 증강 (LTP, Long-Term Potentiation: 시냅스 전도율이 높아지는 것)과 결부시킨다. 그리고 이렇게 서술한다.

> 각각의 종은 렘수면의 진화와 더불어 먹이가 있는 장소나 포식, 도피 방법 — 세타 리듬이 나올 때의 활동 — 같은, 생존을 위해 가장 중요한 정보를 처리할 수 있게 되었을 것이다. 렘수면이 한창일 때 이 정보는 재처리되어 과거의 경험과 통합되고 미래의 행동 전략에 대비하는 것이 아닐까?[35)]

다만 세타 리듬은 사람을 포함한 영장류에서는 아직 그 존재가 밝혀지지 않았다. 하지만 그것은 사람이 꾸는 꿈의 기원에 대한 실마리를 제공해준다. '꿈은 하등동물로부터 물려받은 기억 처리 기구를 반영하는 것으로 생존하는 데 중요한 정보는 그 기구 내에서 렘수면 중에 재처리되고 있는 것이다. 바로 이 정보가 무의식을 이루는 핵심이 아닐까?'[36)]

3

렘수면 중에 래트의 해마가 학습을 재생한다?

몇 년 전에, 래트가 깨어 있는 상태에서 위치를 학습할 때와 렘수면을 할 때 해마세포의 반응 패턴이 같다고 하는 더욱 직접적인 증거가 매사추세츠공과대학(MIT)의 매튜 윌슨 연구진에 의해 밝혀졌다.

해마는 포유류의 기억, 특히 공간 기억에 관여한다. 해마가 손상된 래트는 각종 미로 학습 능력이 현저히 떨어진다. 해마의 많은 뉴런은 장소 세포(개체가 어떤 특정한 위치에 있을 때만 반응하는 뉴런)이다. 예를 들어 래트를 실험에 자주 사용하는 미로 같은 낯선 환경에 두면 처음에는 그 장소를 담당하는 해마의 뉴런이 전혀 없지만, 래트가 환경에 익숙해지고 나면 많은 뉴런이 미로의 한 특정한 위치에 있을 때에만 발화한다. 장소 영역을 획득한 셈이다. 사람의 해마 위치는 그림 6-1

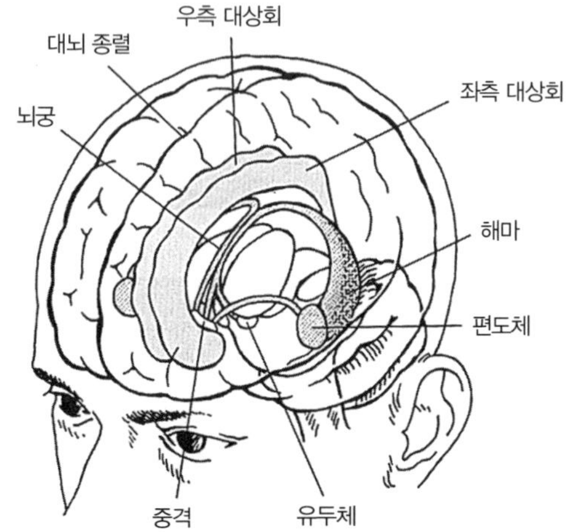

그림 6-1 **해마의 위치** 존 피넬, 《바이오사이콜로지》를 참고로 작성.

과 같다. 맥과이어 연구진(Maguire et al., 1998)이 가상현실로 만든 마을에서 길을 찾게 하고 뇌 활동을 PET(Positron Emission Tomography: 양전자 방출 단층촬영)로 기록한 실험에 따르면, 사람의 경우에도 우측 해마의 활성화가 지금 있는 장소와 앞으로 나아가야 할 장소를 아는 것에 깊이 관련되어 있다고 한다.[37)]

한편 윌슨 연구진은 실험[38)]에 임하여 먼저 래트가 미로를 달리며 위치를 학습할 때 해마 내 장소 세포의 발화 패턴을 기록했다. 그다음 렘수면 중에 같은 장소 세포의 발화 패턴을 기록했다. 그랬더니 깨어 있는 동안 위치를 학습할 때와 같은 발화 패턴이 렘수면 중에도 재현되고 있음이 분명히 나타났다(그림 6-2).

이 두 상태에서 비슷한 발화 패턴을 보인 뉴런 집단의 시간 범위를 깨어있을 때와 렘수면 중일 때 비교해보자. 그림 6-2에서 위쪽 그림은 미로를 달리고 있을 때의 뉴런 활동 패턴이고 아래쪽 그림은 렘수면 시의 패턴으로, 패턴이 서로 비슷한 부분을 잘라낸 것이다. 이렇게 하면 같은 패턴이라도 패턴에 요구되는 지속 시간이 다르다는 것을 알 수 있다(20s라는 표시 참조). 이것은 꿈을 꾸고 있을 때 흐른 시간과 실제로 흐른 시간의 차이를 보여주는 것 같다.

이 실험 데이터와 앞에서 서술한 해마 세타 리듬은 어떤 관계가 있을까? 윌슨이 시사한 것처럼 그 후 장기 증강과 그 반대로 시냅스

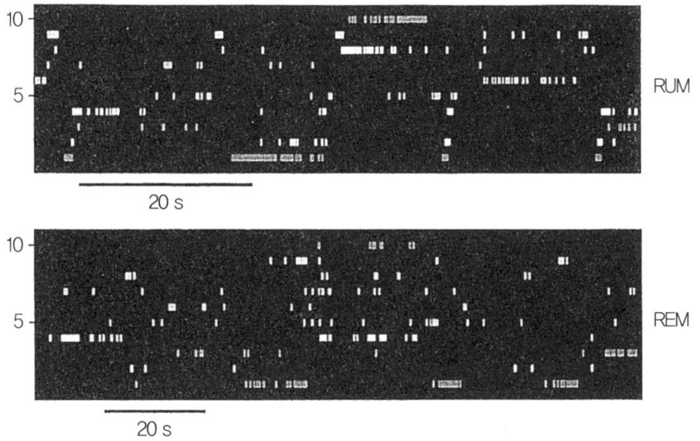

그림 6-2 **해마 속 세포의 발화 패턴** Louie and Wilson의 논문(2001)에서.

전도율이 저하되는 장기 억압(LTD: Long-Term Depression) 같이 시냅스 가소성(可塑性)을 유도하는 데 해마 세타 리듬이 관여한다는 사실이 밝혀졌다. 해마 세타 리듬이 양(+)의 피크일 때 전기자극을 가하면 장기 증강이 되고 음(-)의 피크일 때 가하면 장기 억압이 되며, 피크가 아닐 때에는 전기자극을 가해도 시냅스 전도율이 변하지 않은 것이다. 이 관계는 기억 형성과 불필요한 기억 소거를 밝히는 데 중요한 견해로 볼 수 있다(장기 증강이 기억 형성, 장기 억압이 기억 소거에 관여한다고 전제하면).

한편 분자생물학적 연구의 성과로 시냅스 가소성이 학습한 직후의 렘수면기에 해마에서 활발하게 일어나고 그 후의 렘수면기에는 대뇌피질에서도 활발해진다는 견해도 도출되기에 이르렀다. 그리하여 이들 견해를 종합하여, 깨어있는 동안에는 입력된 정보를 해마에 축적하고 수면 중에는 그 정보를 대뇌피질로 보내서 장기 기억으로 강화한다고 하는 모델이 제안되고 있다.

이 가설에 입각해서 가라시마 연구진은, 위상동기(位相同期)가 일어나는 것으로 미루어보건데 "대뇌피질이 대량의 입력된 내용을 '가소성이 풍부한 해마 시냅스의 강도를 특정 방향으로 변화시키는' 위상에만 제한해서 보내고 있다는 이야기가 된다[39]"고 주장했다. 이 위상동기란, 대뇌피질을 활성화시켜 수많은 피질 뉴런을 발화시키는 PGO파가 해마 세타 리듬이 양(+)의 피크일 때 잘 일어나는 현상을 일컫는다. 알기 쉽게 말하자면 '렘수면 시에는 뇌간에서 나온 PGO 파에 의해 대뇌피질이 활성화되고 수많은 피질뉴런이 발화하여 대량의 입력된 내용이 해마로 전달된다. 그때 해마 세타파가 양의 피크일 때 전달되면 시냅스 전도율이 높아져서 기억 형성에 기여할 가능성이 있다'고 정리할 수 있을 것이다.

4

렘수면은 우리의 기억을 돕는가?

지금까지 소개한 견해는 주로 동물실험을 토대로 한 것들이다. 이 분야에서는 최근에 와서 분자생물학 등을 배경으로 한 연구도 큰 성과를 거두고 있다.

그러면 렘수면이 우리 인간의 기억 형성에 기여한다는 직접적인 증거는 무엇일까?

1924년 미국 심리학자인 존 젠킨스과 연구원들은 수면이 기억력에 영향을 미친다는 사실을 실험을 통해 밝혀냈다. 이 실험은 도리이의 책 《꿈을 꾸는 뇌》에도 실려 있는데 이 책을 참조하여 소개하면 이러하다. 젠킨스는 두 명의 학생에게 한 번은 무의미한 단어 10개를 모두 외운 뒤 잠자게 하고 또 한 번은 단어를 외운 뒤에도 계속 깨어 있게 했다. 그리고 그림 6-3의 그래프 가로축에 보이는 것처럼 일정 시간이 지날 때마다 각각의 경우에 단어를 몇 개나 기억하는지, 자고 있던 경우에는 그들을 깨워서 검사했다. 그래프를 보면 '단어를 외우고 잠든 경우에 2시간이 지날 때까지는 기억이 감소했지만 그 뒤로는 감소하지 않았다. 그러나 깨어있던 경우에는 기억이 계속 감소했다'는 사실을 알 수 있다. 수험생 요령 중에 공부하고 나면 푹 자야 기억이 잘 된다고 하는, 과학적인 통설 같은 것이 있는데 이것이 그 근거가 된 듯하다.

다만 이 결과에는 여러 가지 해석이 가능하다. 예를 들어 젠킨스

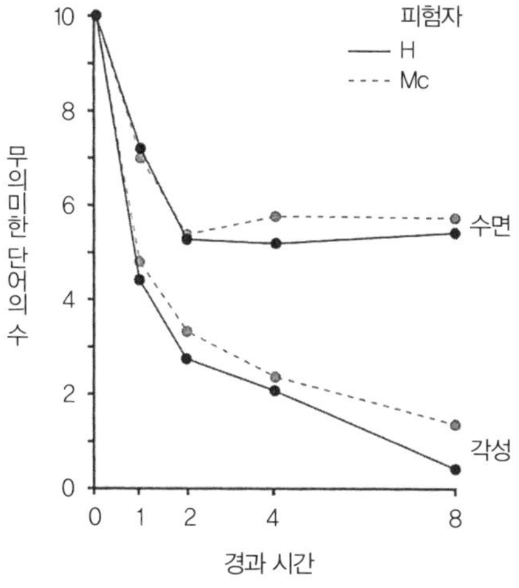

그림 6-3 **수면이 기억에 좋다는 것을 밝혀낸 실험** Jenkins & Dallenbach의 논문(1924)을 참고로 작성.

연구진은 각성 단계에서 망각이 일어난 이유를 깨어 있을 동안 다른 정신 활동에 의해 간섭을 받은 결과라고 해석했다. 어떤 내용을 학습한 뒤에 다른 정신 활동을 함으로써 학습한 내용의 기억 유지를 억제하는 것은 역행 억제라고 한다. 학습한 뒤 바로 잠을 자면 역행 억제를 피할 수 있기 때문에 학습 효과가 높아진다는 것이다.

렘수면이 기억 강화를 촉진한다는 것을 시사하는 견해가 동물실험을 통해 얻어졌으니 간섭 효과를 통제하면 순수하게 렘수면의 효과를 끌어낼 수 있지 않을까? 그러려면 학습한 뒤 바로 수면을 취하게 하는 것뿐 아니라 수면 상태를 검토해서 렘수면이 있었던 집단과 없었던 집단으로 나눈 뒤 각각 학습이 얼마나 잘 유지되고 있는지 그 비율을 비교하면 될 것이다. 우리 연구진은 그러한 발상을 토대로 피험자에게 단어를 외우게 한 뒤 바로 낮잠을 자게 했다. 그리고 렘수면의 유무를 기준으로 집단을 둘로 나누어 단어 유지율을 비교해 보았다.[40)]

결과는 단어 유지율이 렘수면이 있었던 집단(9명)은 0.74인 데 비해서 서파수면만 있었던, 즉 렘수면이 없었던 집단(7명)은 0.54로, 렘수면이 있었던 집단이 없었던 집단보다 단어 유지율이 높긴 하지만 개인차가 커서 통계적으로 큰 의미가 없었다. 렘수면이 있었던 집단만 놓고 분석했더니 렘수면 시간과 단어 유지율의 상관관계는 낮았으며 오히려 렘수면 종료 시부터 깨기까지 그 시간이 길수록 단어 유지율이 낮았다는, 강한 반비례 관계만 나타났을 뿐이다. 내가 실험 도중 연구차 해외로 나간 탓도 있어 실험 계획과 실행 과정에서 여러 가지 문제점이 노출되는 바람에, 아쉽게도 낮잠 시 렘수면의 효과를 시사하는 결과를 내고도 학회에 발표할 만한 성과까지는 거두지 못했다.

그러나 하버드대학의 로버트 스틱골드 연구진이 학생들에게 컴퓨터 화면에서 시각 구조구별 작업을 학습하게 한 뒤 60분에서 90분 정도 낮잠을 자도록 하는 조건 아래서 학생들을 렘수면이 포함된 집단(30명), 서파수면만 한 집단(15명), 낮잠을 자지 않은 대조 집단(28명)으로 나누어 실험하고 비교한 결과 의미 있는 성과를 거두었다. 즉

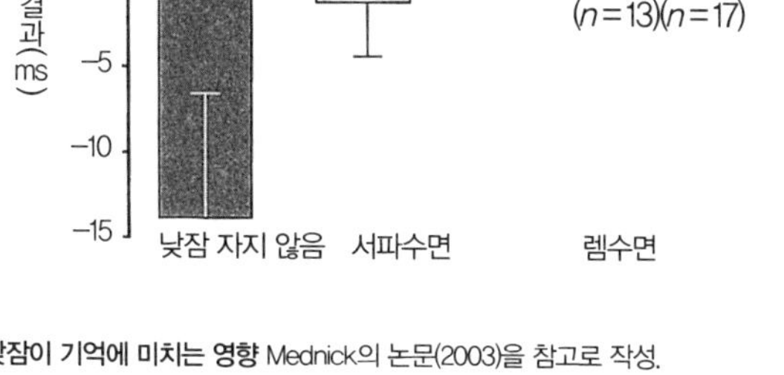

그림 6-4 **낮잠이 기억에 미치는 영향** Mednick의 논문(2003)을 참고로 작성.

성적이 가장 좋은 집단은 렘수면 집단이었고, 그다음 좋은 집단은 서파수면 집단, 그리고 가장 나쁜 집단은 대조 집단이었다(그림 6-4).[41] 이러한 결과는 낮잠을 밤에 잠을 자도록 하는 조건으로 바꾸어 실험해도 똑같이 나타났다.

5

기억에도 여러 종류가 있다

학습 기억 과제가 어떤 내용을 외우는 것이라 해도 우리 연구진이 주제로 설정한 단어 외우기와 스틱골드 연구진이 설정한 시각 구조 구별 작업은 기억 면에서 그 종류가 다른 듯하다. 오늘날 인지심리학에서는 기억을 그림 6-5처럼 분류하고 있다. 학습 기억에 꿈과 렘수면이 영향을 미친다고 해도 기억의 종류가 다르면 실험 결과 또한 달라질 수 있기에 간단한 설명을 덧붙여 보겠다.

감각 기억

후각, 미각 같은 감각을 통해 외부로부터 들어온 정보를 고유의 감

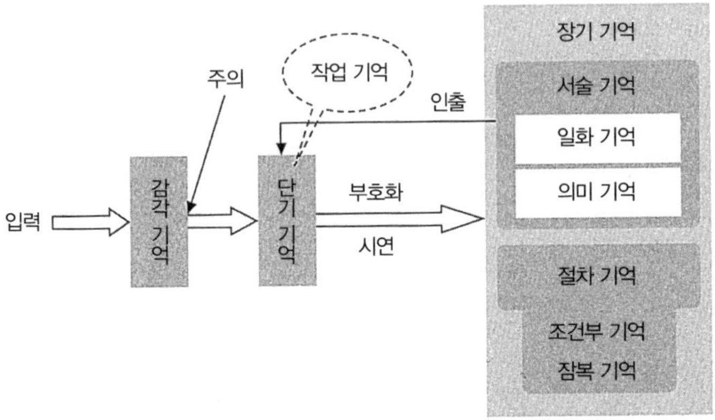

그림 6-5 **기억의 종류**

각 양상에 따라 아주 짧은 시간 동안 저장하는 기억이다. 눈을 감는 2분의 1초 사이에 방금 봤던 생생한 광경이 그대로 남는 것을 인지하는 사람이 있을지도 모르겠다. 이것이 시각적 감각 기억이다. 시각적 감각 기억은 약 500밀리초 정도, 청각적 감각 기억은 약 5000밀리초 정도 지속된다. 감각 기억에 저장된 정보는 주의가 집중되면 단기 기억으로 넘어간다.

단기 기억

명함에 적힌 전화번호를 보고 바로 전화를 걸었다면 그때 전화번호를 외운 시간은 기껏해야 10~15초 정도이다. 이럴 때의 기억을 단기 기억(short term memory)이라고 한다. 단기 기억 용량은 제한되어 있다. 예전에 인지심리학자인 조지 밀러는 단기 기억 용량을 7±2 청크(chunk)라고 결론을 내리고 마법의 숫자 7이라고 했다.[42] 여기서 정보를 의미의 덩어리로 기억한다고 하여 단위를 청크로 붙인 것이다. 예컨대 휴대 전화번호를 01042825623이라고 불러주면 한 번 듣고 바로 기억하는 사람은 드물 것이다. 숫자가 열한 자리라서 청크가 7±2를 넘기 때문이다. 그러나 010-4282-5623이라고 불러주면 세 단위로 끊어지기 때문에 기억하기가 더 수월하다. 이것이 우리가 일상생활에서 무의식적으로 활용하는 암기법이다.

또 최근에는 단기 기억을 '작업 기억(working memory)'이라고도 하는데 작업 기억은 단기 기억의 기능이나 작용 측면을 강조한 말이다. 이는, 컴퓨터가 기억장치로부터 데이터를 인출해서 화면에 띄우고 처리하는 것과 같이 사람은 장기 기억으로부터 데이터를 꺼내서(인출) 띄우고 다양하게 처리하기 위한 작업 화면을 갖고 있다고 하는 모델을 근거로 한다.

장기 기억

보통 한 번만 걸고 말았던 전화번호는 기억나지 않지만 집이나 친한 친구의 전화번호라면 기억하고 있을 것이다. 이것은 단기 기억이 반복적인 시연을 통해 장기 기억으로 넘어간 것이라고 볼 수 있다. 장기 기억의 용량과 지속 시간은 사실상 무한대이다. 즉 기억이 강화되어 장기 기억으로 넘어간 다음에는 외상, 질환, 노화 등으로 체질상 뇌가 손상되거나 나빠지는 경우를 제외하면 장기 기억은 소실되지 않는다. 다만 사람 이름처럼 당연히 알고 있는데도 쉽게 떠오르지 않는 일이 자주 있을 것이다. 이것은 기억이 소실된 것이 아니라 인출이 어려워진 것이다.

장기 기억은 절차 기억과 서술 기억으로 나뉜다. 서술 기억(declarative memory)은 어감이 조금 이상하지만 말로 할 수 있는 기억이라는 뜻이다. 영어 단어의 뜻에 가깝게 선언 기억이라고 번역하기도 하나 번역어 자체가 귀에 익지 않다는 단점이 있다. 또 서술 기억은 의미 기억과 일화 기억으로 세분된다.

절차 기억

예컨대 자동차를 운전할 때 우리는 무의식중에 자동적으로 조향 장치나 기어를 조작하고 있다. 이처럼 절차 기억이란 행위와 조작에 관한 기억으로 의식적으로 떠올리지 않아도 떠오르는 것이며 언어화가 곤란한 기억이다.

마찬가지로 (언어화할 수 없다는 의미에서) 서술 기억에 속하지는 않지만 절차 기억과 구별되는 기억에 '조건부 기억', '잠복 기억' 등이 있다.

일화 기억

우리 개인의 경험에 관한 기억으로, '언제 · 어디서' 등 사건의 맥락을 의식적으로 재현하는 기억이다. 즉 회상 기억을 가리킨다.

의미 기억

'언제 · 어디서' 등 맥락은 없고, 예컨대 '카나리아는 새이다', '프랑스의 수도는 파리이다'처럼 사물이나 현상에 관해 일반적인 지식으로 저장되어 있는 기억이다. 우리는 의미 기억을 무의식적으로 쓰고 있다. 예를 들어 말을 하는 경우 특별히 의식하지 않더라도 의미 기억에 저장되어 있는 단어와 그 의미, 문법을 적절하게 쓰는 것이다.

6

수면의 기억력 강화 · 향상 효과

위와 같이 기억을 분류하고 지금까지 실행한 실험 결과를 정리해서 종합하면 꽤 많은 사실을 알게 될지도 모른다. 그러한 논문(리뷰)으로는 스틱골드 연구진(2005)[43]과 스즈키 연구진(2006)[44]이 비교적 알기 쉽게 정리한 것이 있으니 더 자세한 내용은 직접 찾아보기 바라며 여기서는 몇 가지 중요한 사항만 설명하겠다.

절차 기억에 관한 한 서파수면과 렘수면은 모두 기억을 강화하는 데 효과가 있다.

스틱골드 연구진이 컴퓨터 화면에서 하는 시각 구조구별 작업의 학습 효과를 검토 대상으로 한 실험은 물론 절차 기억의 범주를 다룬 것이다. 단면(斷眠) 실험을 포함한 다양한 유형의 실험 결과로 미루어 보건대 서파수면과 렘수면이 모두 절차 기억을 향상시키는 데 효과가 있다는 것은 거의 의심할 여지가 없는 듯하다. 이와 관련하여 스틱골드는 학습 기억을 강화하려면 '처음에는 서파수면을 거치고, 그다음에는 렘수면을 거치는 2단계 과정이 필요하다는 것을 이 실험이 시사한다'[45]고 서술한다.

그렇다면 '통찰'이 아닌 복잡한 인지를 요하는 과제는 어떨까? 피험자를 두 집단으로 나누어 '하노이의 탑'이라고 하는, 인지심리학 실험에 사용되는 복잡한 과제를 학습하게 한 뒤 한 집단에게는 바로 밤에 렘 단면을 처치하고, 다른 한 집단에게는 그렇게 하지 않았다. 그리고 일주일 후에 테스트를 실시했더니 렘 단면을 처치하지 않은 집단은 성적이 40%나 올랐지만 렘 단면을 당한 집단은 성적이 오르지 않았다고 한다.[46]

서술 기억의 경우에는 예상과 다르게 서파수면이 렘수면보다 더 기억 강화에 영향을 미친다. 또한 단어의 암기 학습이 논렘수면 2단계를 특징짓는 수면방추파의 밀도와 정비례 관계를 갖는다는 실험 결과도 있다.[47]

이는 이미 소개한, 래트의 기억에 영향을 미친 렘수면의 효과와 모순되는 결과이다. 그러나 이에 대해서 스틱골드는 중립적인 문장보다 정서적인 문장에 대한 기억이 렘수면이 많은 새벽 무렵의 수면에 의해 향상된다는 연구 결과[48]를 인용한다. 래트에게 있어 미로 학습

참고 문헌	지표	학습 기억 과제	지표와 기억 향상의 관계(r)와 그 유의 확률(p)
McClelland, McNaughton, & O'Reilly, *Psycol. Rev., 102,* 419-457(1995).	뇌파 중 서파의 양	운동 적응 작업 (motor adaptation)	r=0.86 $p < 0.005$
Peigneux, et al., *Neuron, 44,* 535-545(2004).	PET(양전자 방출 단층촬영)로 본 뇌 혈류량 증가	가상현실 공간에서 길 찾기 (virtual navigation)	r=0.94 p=0.005
Mednick, Nakayama, & Stickgold, *Nature Neuruoscience, 6(7),* 697-698(2003).	서파수면과 렘수면의 길이	시각 구조구별 작업 (visual discrimination learning)	r=0.89 $p < 0.0001$
Walker, Brakefield, Morgan, Hobson & Stickgold, *Neuron, 35,* 205-211(2002).	수면 2단계의 길이	운동 순서 작업 (motor sequence learning)	r=0.72 $p < 0.01$
Gais, Molle, Helms & Born, J. *Neuroscience, 22,* 6830-6834(2002).	수면방추파의 밀도	대연합학습* (paired-associates learning)	r=0.56 $p < 0.05$

* 대연합학습(paired-associates learning, 對聯合學習): 2개의 항목(단어나 무의미한 철자. 예, 꽃-flower)을 1쌍으로 하여 암기하는 학습법_역자

표 6-1 **학습 기억 과제 실험 목록**

은 정서적 부하가 걸린 학습이라고 추측할 수 있다.

이는 PET로 사람의 수면 중 뇌 혈류량의 변화를 조사해보니 렘수

면 중에는 편도체 및 이것과 신경이 밀접하게 연결되어 있는 부위에서 혈류량이 증가한다고 피에르 마케 연구진이 이미 1996년에 발표한 견해와도 일치한다.[49] 편도체는 해마와 이웃하고 있으며 정동(情動)을 동반하는 기억에 관여한다고 보기 때문이다.

이 장을 맺으며 스틱골드가 정리한 표를 토대로 학습 기억 과제별로 통계적으로 의미 있는 결과를 얻은, 사람에 관한 대표적인 다섯 가지 실험 연구를 소개한다(표 6-1. 스틱골드의 표를 있는 그대로 사용하지 않았기에 오류가 있다면 이는 나(필자)의 책임이다). 또한 '수면이 기억을 강화 · 향상시키는가'라는 주제에 관해서 80년 전 젠킨스 연구진의 해석과 마찬가지로 수면이 기억의 간섭을 억제한다는 입장을 취하며 수면의 독자적인 공헌을 인정하지 않는 비판적 견해가 여전히 뿌리가 깊다는 사실도 덧붙이고 싶다.[50]

7장

꿈과 기억

—꿈의 원천은 전날의 기억인가

1

래트는 미로 학습을 기억하고 꿈을 꾸는가?

앞 장에 서술한, 렘수면이 기억을 강화하느냐 아니냐 하는 문제는 어디까지나 렘수면을 화두로 삼아 제기한 것이지 꿈이 아니었음을 주의하기 바란다.

예를 들어 안드레아 록의 《뇌는 잠들지 않는다》를 보면, 그녀가 저널리스트로서 매튜 윌슨을 인터뷰했을 때 윌슨은 래트의 해마세포가 깨어 있는 상태에서 수행한 미로 학습을 렘수면 중에 재생되는 것을 발견하던 당시를 떠올리며 다음과 같이 말했다고 기록되어 있다.

> 잠을 자던 중에 래트가 꿈속에서 약 2분 동안 글자 그대로 다시 한 번 미로를 달리는 것을, 이 눈으로 직접 보았을 때 정말 크게

> 놀랐습니다. 여태껏 그렇게 놀란 적도 없었지만 앞으로도 없겠지요. 이것은 기억에 관해 보고 받은 것도 아니고 내가 추측한 것도 아닙니다. 작동 중인 기억 그 자체를 눈으로 볼 수 있었던 것입니다.……[51]

과학자인 윌슨이 정말로 '꿈'이라는 단어를 써서 이렇게 말했다니 선뜻 믿기 어렵다. 만약 래트의 해마에서 일어나는 미로 학습 재생을 '꿈속'이라고 부를 수 있다면 사람의 경우에는 더욱 그렇다고 할 수 있을 것이며, 예컨대 스틱골드 연구진의 실험을 통해서도 피험자는 '시각 구조구별 작업을 꿈속에서 재생했다'고 말하지 않을 수 없다. 그러나 렘수면이 나타났다고 해서 렘수면을 꿈과 동일시하는 개념은 용납되지 않는다. 꿈이란 주관적 경험에 속하는 것이며 객관적으로 측정할 수 있는 렘수면이나 해마세포의 활동 패턴과는 이른바 존재의 성격이 다르기 때문이다.

꿈속에서 시각 구조구별 작업을 재생했다는 것이 가능하려면 그런 꿈을 꾸었다는 보고가 나와야 한다. 하지만 입면 시 이미지인 경우를 제외하면 그런 일은 있을 성싶지도 않다. 입면 시 이미지란 1단계 수면에서 나타나는 환각 증세를 가리키며 달리 입면기 환각이라고 부르기도 한다. 하루 종일 스키를 타거나 장시간 차를 운전하고 나서 밤에 꾸벅꾸벅 졸다가 스키를 타거나 차를 운전하는 감각이 실제로 되살아났던 적은 없었는가? 어떤 의대생은 처음으로 해부학 실습을 한 날 밤에 꾸벅꾸벅 졸다가 눈꺼풀 안쪽 어둠 속으로 해부한 내장이 생생하게 떠올라서 괴로워한 적이 있었다고 한다.[52] 이것은 일종의 낮 동안 이루어진 학습 기억의 재생인지도 모른다. 그러나 이것을 꿈이라고 불러도 좋을지 어떨지는 여러 가지 이론이 있을 것이다.

본디 우리의 해마세포에서 어떤 학습 기억이 재생되었다고 해도 그것이 그 형태 그대로 꿈에 나오리라고는 기대할 수 없을 것이다. 사람에게 있어 해마는 이른바 고피질(古皮質)의 일부인데 대개 우리의 꿈은 어느 정도 시간적으로나 공간적으로나 맥락에 따른 줄거리를 갖고 있어서 해마뿐 아니라 신피질(新皮質) 전체가 꿈을 꾸게 하는 현상에 관여한다고 간주되고 있기 때문이다. 따라서 '꿈과 기억'이라는 주제를 놓고 '꿈이 기억을 강화하는 데 도움이 되는가'와 같은 작은 범주에서 벗어나 '꿈이 기억 과정의 무엇을 반영하는가'라는 큰 틀에서 문제를 제기하지 않으면 안 된다. 이 주제에 관해서는 캐나다 출신의 꿈 과학자 토어 닐슨이 발표한 뛰어난 논문[53]이 있다.

2

꿈의 원천은 전날의 기억인가?

먼저 꿈의 재료는 무엇일까? 그것은 과거의 기억이며 심지어 최근의, 특히 전날의 기억이라는 주장이 오래전부터 있어 왔다. 프로이트도 꿈의 원천 중 하나는 낮의 잔여물(낮의 잔재)이라고 주장했다. 낮의 잔여물이란 전날에 충족되지 못한 소망을 가리킨다.

2장에 썼듯이 나는 매년 교양심리학 강의 시간에 학생들에게 '최근에 꾼 꿈을 보고하라'는 과제를 내고 '나이, 일시, 전날 있었던 일, 꿈 내용, 감상 · 추가사항' 순으로 리포트를 작성하게 하고 있다. '전날 있었던 일'을 쓰게 하는 이유는 꿈 내용을 떠올리다 보면 전날에 실제 있었던 일이 꿈의 요소와 관련되어 있음을 알게 되는 경우가 많기 때문이다. 프로이트는 바로 이 전날에 있었던 일이 충족되지 못

꿈 일기 해리 포터 이야기와 설정이 꼭 닮은 꿈

2009년 10월 10일 새벽 4시. 잠들기 전에 침대에서 밤늦도록 《해리 포터》 시리즈 한 권을 읽었다. 그리고 그 이야기와 아주 비슷한 꿈을 꾸었다.
불로불사약을 몇 개의 병에 나누어 담고 다른 곳에 숨겨놓으려고 길을 떠나는 꿈이었다. 나는 동료(여성?)와 함께 호숫가 집에 있었다. 거기서 길고 가느다란 시험관 모양의 투명한 병에 약을 담았다. 같은 병을 또 하나 꺼내서 보통의 오차 같은 액체를 담았다. 그리고 두 병 다 호수 바닥에 묻어놓을 계획이었다.
주방 개수대에서 작업을 하다가 문득 이런 생각이 들었다. '불로불사약을 빼앗기지 않으려고 숨길 바에야 차라리 이 세상에서 없애버리는 게 낫지 않을까?' 곧바로 나는 약을 개수대에 쏟아 버리고 동료에게 내 생각을 말했다.
다른 사람(그 동료를 포함해서 몇 명 더 있었다)들도 찬성한 것 같았다. 아직 우리 '조직'의 본부 같은 곳에 약이 조금 더 남아 있으니 그것도 마저 처리해야지…… 하며 이리저리 궁리하다가 잠이 깼다. 잠이 든 지 딱 한 시간 반이 지났고 밖은 동트기 전이었다.
자기 전에 읽었던 《해리 포터》 시리즈는 제7권 《죽음의 성물》이었다. 내용은 '이름을 말할 수 없는 사람'으로 알려진 어둠의 마법사가 자신의 영혼을 7개로 나눈 뒤 숨겨놓은 '호크룩스(마법 상자)'를, 해리 포터와 헤르미온느와 론이라는 어린 세 마법사가 찾아 없애기 위해 길을 떠난다는 모험 이야기이기이다. 그렇기 때문에 내 꿈 내용과 비슷하다면 비슷할 것이다. 게다가 마법 상자 중 하나는, 이것은 수개월 전에 읽은 전 편에 나왔던 이야기인데, 호수 바닥에 숨겨져 있었다.
그런데 여기에 전날 밤의 다른 기억이 끼어든 것을 알 수 있었다. 마법 상자가 아닌 불로불사약이 등장한 것은 《해리 포터》를 읽기 전에 인터넷에서 '과학 뉴스'를 훑다가 '불로불사와 결부되는 쥐 실험의 텔로미어(telomere) 운운……'이라는 기사 제목을 보았기 때문일 것이다. 하지만 이런 종류의 과학 뉴스는 흔한 데다 당장 실용화로 이어지는 것도 아니고 처음부터 불로불사 연구 따위는 반감이 있던 터라 그 내용은 읽지 않았다.
잠든 뒤 약 1시간 반 자다가 깨어났고 꿈 내용이 드라마틱하고 나 자신이 직접 주인공으로 등장한 점을 미루어 보니 이것은 렘수면기 꿈으로 짐작된다. 그런데 렘수면기에 꾸는 꿈은 기억을 정리하는 기능이 있다고 한다. 그렇다면 이 꿈은 불로불사 연구 기사 제목에서 받은 인상과 7개의 마법 상자를 찾아 없애려고 하는 《해리 포터》 이야기를 하나로 통합해서 새롭게 기억하려는 시도라는 말이 된다.
그렇다면 꿈에 나온 동료(여성?)란 헤르미온느를 가리키는 것일까?

(낮 12시에 기록)

한 소망과 관련되어 있다고 보았다.

다만 전날에 있었던 일과 꿈의 요소가 관련이 있다고 해도 전날 있었던 일이 기억에 남은 그대로 꿈에 나오는 예는 나중에 서술할 PTSD(외상 후 스트레스 장애)와 관련된 꿈을 제외하면 지극히 드물다. 나는 전날 있었던 일과 관련된 꿈을 비교적 많이 꾸는 편이지만 그렇다고 해도 전날 있었던 일이 그대로 꿈에 다 나오는 것은 아니다. 최근에 쓴 꿈일기를 보니 그러한 예가 나온다(왼쪽의 꿈 일기).

3

꿈은 과거 기억의 재현이 아니라 미래에 대한 시뮬레이션이다

앞의 '꿈 일기'의 원천 중 하나가 《해리 포터》 독서 체험에 있다는 사실은 의심할 여지가 없을 것 같다. 다만 '일화 기억'이 재현된 것은 아니다. 만약 일화 기억의 재현이라고 한다면 《해리 포터》 이야기를 읽고 있는 장면이 꿈으로 나와야 할 것이다.

그런데 나는 전날에 읽은 소설이 나오는 꿈을 자주 꾸지만 '소설을 읽고 있는 꿈'을 꾼 적은 거의 없다. 처음에는 비록 소설을 읽고 있는 설정이 나온다고 해도 어느새 소설 속으로 들어가 주인공과 하나가 되어 소설 속 이야기를 일인칭 시점으로 꾸게 되는 것이 다반사였다. 이런 의미에서 이것은 일화 기억의 재생이 아니다.

닐슨의 논문에 따르면 원래 일화 기억은 PTSD인 경우를 제외하고는 꿈에 거의 나오지 않는다고 한다. 앞 장에서 이야기했듯이 일화 기억은 '언제 · 어디서' 등 맥락과 함께 사건을 재현하는 기억이다. 그런데 한 연구 결과에 따르면 꿈속에서 일화 기억이 차지하는 비율은 겨우 2%밖에 안 된다고 한다. 또 꿈 중 62.7%가 애당초 '언제'에 관한 그 어떤 정보도 갖고 있지 않다는 다른 연구 결과도 있다. 언제인지 그 시간을 알 수 없는 세계에서 이야기가 진행되는 것이 꿈의 특징이다. 대부분의 꿈에는 실제 경험인 기억의 흔적이 발견되지 않는다는 조사 결과조차 있다.[54)]

즉 꿈속에서는 일화 기억 속의 단편(등장인물, 장면 설정, 소도구 등)과 사건에 대한 정서적 반응('기쁨이 실망으로 변했다'는 따위), 그리고 여러 가지 의미 기억이 하나로 연결되어 일관성 있는 이야기가 만들어지고 심지어 '지금 · 여기' 그것을 체험하고 있다는, 일인칭 시점으로 환각에 이르는 것이다.[55)]

닐슨의 이러한 논문 내용을 《해리 포터》 이야기와 비슷한 내 꿈에 적용해보자. 먼저 이야기의 설정은 《해리 포터》의 마법 상자 찾기에서 차용했다. 단, 마법 상자가 불로불사약으로 바뀌었다. 이것을 나는 인터넷 기사 제목에서 본, 불로불사와 결부되는 쥐의 DNA 연구가 내 기억에 섞인 것이라고 해석했다. 내게는 불로불사약이 마법 상자보다 더 중요한 의미를 지니기 때문일 것이다. 그리고 약을 숨기는 것이 아니라 폐기해버린다는 이야기 전개에는 평소 생물학적인 불로불사 연구에 대한 반감, 즉 나의 감정이 잘 드러나 있다.

여러 가지 요소를 고찰해보니 이 꿈은 과거 기억의 재현이라기보다 미래에 대한 시뮬레이션이고 시연(=예행연습)이 아닐까 하는 생각이 든다. 즉 '만약 인터넷 기사 제목처럼 불로불사약이 세상에 나와서《해리 포터》이야기에서 읽은 설정과 같이 세계 곳곳에 숨기러 가야 한다면 나는 그것을 숨기기보다 없애는 쪽을 택하리라'는, 꿈속의 문제 제기와 시뮬레이션을 통한 그 해결임을 알 수 있다. 전날의 기억은 꿈 내용의 실마리가 된다거나 여러 가지 설정이나 소도구, 등장인물(헤르미온느?) 등을 제공할 뿐이다.

꿈이 미래를 향한 '멘탈 시뮬레이션 과정'이라는 것은 융이 이미 밝힌 꿈의 기능 중 하나이다. 다음 장에서는 핀란드의 인지과학자인 안티 레본수오가 생물진화론의 관점에서 꿈의 현대과학 관련 다양한 견해를 수집해서 전개하고 있는 시뮬레이션 이론을 소개한다.

4

기억이 꿈에 재현되려면 며칠이 걸리는가

주베의 과학 소설《꿈의 성》[56] 이야기

꿈의 원천이 전날에 겪은 일이라는 견해는 오래전부터 있었는데, 한 연구에 따르면 그 기억이 꿈속에 나타나기까지 약 7일이 필요하다고 한다.

주베는 볼테르, 사르트르, 엘리아데 등과 같이 자신의 학설을 소설이란 형식으로 풀어내는 프랑스 학자의 전통을 이어받은 듯하다. 그가 1992년에 발표한 소설《꿈의 성》은 18세기를 배경으로 꿈의 비밀을 파헤치려고 했던 한 과학자의 흥미로운 이야기이다.

어느 날 주인공은 고양이가 잠을 자고 있는 동안에 수염이 규칙적으로 실룩실룩 움직인다는 것을 알게 된다. 또 심야 승합마차에 합승한 승객의 잠든 모습을 관찰하니 눈꺼풀이 규칙적으로 실룩실룩 움직였다. 그래서 하인으로 하여금 잠들게 한 뒤 눈꺼풀이 실룩실룩할 때 눈꺼풀을 들어 보니 안구가 매우 빠르게 움직이고 있었다. 다음으로 자신이 직접 실험대에 올라, 하인을 시켜 자신의 눈꺼풀이 움직일 때 안구운동을 관찰하게 한다. 눈꺼풀이 들려 올라간 순간에 눈을 뜨고 말았지만 방금 전까지 그는 생생한 꿈을 꾸고 있었다는 사실을 깨닫는다. 이렇게 해서 주인공은 뇌파계도 없이 18세기에 사람과 고양이에게 공통된 렘수면이 있다는 것을 발견하기에 이른다.

그 밖에도 주인공은 매일 밤 꼬박꼬박 꿈일기를 쓰는데 실제 있었던 일이 꿈에 나타나기까지 약 7일이 걸린다는 것을 알게 된다. 실제로 어떤 외교적인 특명을 띠고 동유럽을 여행한 뒤 딱 일주일 만에 동유럽 풍경이 꿈에 나타났다. 주인공은 뇌 속에서 정확하게 기계적으로 작동하는 '꿈기계'의 존재를 크게 실감한다.

꿈기계라니 과연 과학자답다 싶었지만, 나는 기억이 7일 후 꿈에 나온다는 이야기를 아무래도 납득할 수 없었다. 앞에서도 이야기했듯이 내가 꾸는 꿈은 전날의 상황을 반영한 경우가 많았기 때문이다.

또 다른 꿈 과학의 대가인 홉슨 역시, 기억은 7일 후 꿈에 나타난다는 주장을 신봉한다. 그리고 늘 그랬듯이 전날의 기억이 꿈과 관련이 있다고 주장한 프로이트를 비판했다.[57] 그런데 나는 홉슨이 쓴

《꿈의 과학》(고단샤, 2003)[58]에서 이 주장을 읽고 3일 후에, 전날의 상황이 고스란히 반영된 꿈을 꾼 것이다. 그날 꿈일기를 쓴 뒤 나는 '홉슨은 거짓말쟁이다. 꿈 과학이라는 것은 완전히 엉터리이다'라고, 홉슨을 혹독하게 비판하는 코멘트를 붙여놓았다.

그 꿈이란 첫 해외 연구차 캐나다 토론토에 도착해서 시내 호텔에 묵었던 날 꾼 것이었다. 그 다음 날은 요크대학으로 가서 토머스 테오 교수와 만나기로 되어 있었는데 영어회화가 서툰 나는 몹시 불안했다. 그런데 꿈속에서 나는 이미 그 다음 날에 있었다. 요크대학에서 테오 교수와 만나 영어로 대화를 나누고 있었던 것이다.

어떤 기억이 일주일이 지나야만 꿈에 나온다면 그때 꾼 꿈의 배경이 캐나다가 아닌 일본이어야 하지 않겠느냐 하는 것이 홉슨에 대한 내 비판의 요지였다.

기억은 그날 밤과 7일 후 꾸는 꿈에 가장 잘 나타난다

이 의문은 얼마 가지 않아 닐슨 연구진이 1980년대 후반에 실행한 일련의 연구를 접하고서 풀렸다. 예를 들어 그림 7-1은 드라마틱한 영화를 본 뒤 총 7일에 걸쳐서 그 영화가 다시 꿈에 나타나는 정도를 조사한 결과이다. 그 정도가 비교적 높은 비율로 나타나는 집단(High incorporators)과 거의 나타나지 않는 집단(Low incorporators)으로 나뉘어 표시되어 있는데, 높은 비율로 나타나는 집단에서는 영화가 다시 꿈에 나타나는 정도가 그날 밤과 7일 후 두 번 정점을 기록했고 전체적으로 U자 곡선을 그린다는 것을 알 수 있다.

닐슨은 이 현상을 수면 시차 효과(dream-lag effect)라고 이름 붙였다. 그리고 이 수면 시차 효과와, 기억이 먼저 해마에서 처리된 다음 신피질로 보내져서 재처리된다고 하는 기억의 이중처리과정을 결부시켰다. 즉 첫 정점은 기억이 해마에서 처리될 때를, 7일 후 정점은 그 기억이 신피질에서 재처리될 때를 각각 반영한다고 본 것이다.

이 해마 → 신피질이라는 기억의 이중처리모델에 입각해서 왜 일화 기억이 완전한 형태로 꿈에 재현되지 않는지 그 의문을 풀고자

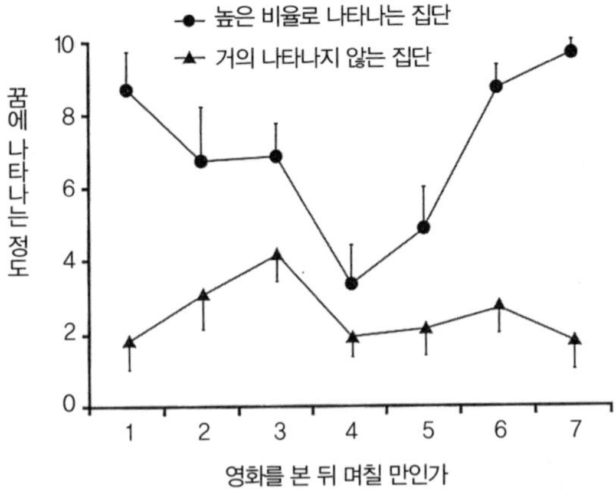

그림 7-1 **기억이 꿈에 나타나는 정도** 닐슨의 논문(2004)을 참고로 작성.

참고 문헌	가정되는 메커니즘	꿈으로 나타난 결과	가능한 기능
Stickgold, Hobson, Foss & Fosse, *Science, 294*, 1052–1057(2001).	렘수면일 때 해마에서 신피질로는 정보의 흐름이 적어진다. 신피질에서 해마로는 연합이 약해진 의미 기억이 흘러든다.	시간적 공간적 일관성이 결여된, 사물 · 인물 · 장면 설정 간 상관관계가 없는 비합리적인 연결	의미 기억의 선택적인 각인과 강화
Johnson, Med. *Hypotheses, 64*, 499–504(2005).	렘수면일 때 세타파가 우위에 있기 때문에 신피질은 일관성을 잃고 예측 불가능한 정보를 해마로 보낸다.	과거의 단편적인 일화 기억에서 떠오르는 여러 가지 요소를 합성한 '맥락 기억'	세타파 모드 이외의 상태, 예컨대 각성 시라도 맥락이 통하면 일화 기억이 쉽게 떠오른다.
Payne & Nadel, *Learn. Mem., 11*, 671–678(2004).	수면기 후반에 코르티솔이 증가해서 해마에서 신피질로 정보 흐름이 감소한다. 그 때문에 시간적 · 공간적 맥락을 지닌 기억 형성에 기능하는 해마가 제 역할을 하지 못해 단편적인 기억이 활성화된다.	주제가 단편적이고 기괴한 이미지의 이야기로 통합된다.	기억 강화, 통합, 수정 점검
Paller & Voss, *Learn. Mem., 11*, 664–670(2004).	수면은, 피질에 산재하는 신경 연결망의 결합 및 해마–신피질 간 결합을 강화한다.	단편화된 정보로 형성되는 이야기	서술 기억이 적절하게, 즉 문제와 목표, 최근 경험과 관련하여 강화된다.

Nielson, T. A. & Stenstrom, P., "What are the memory sources of dreaming?", *Nature, 437(27)*, 1286–1289(2005)를 참고로 작성.

표 7–1 **일화 기억이 꿈에 그대로 재현되지 않는 이유를 렘수면 중 해마 기능의 변화로 설명하고자 한 최근 이론들**

실행한 최근의 몇몇 연구를, 닐슨이 표로 정리한 것이 있어 그중 일부를 표 7-1에 소개한다. 또 해마가 손상된 환자나 해마 기능이 저하된 PTSD환자의 꿈에는 단편적인 일화 기억이 많이 재생되는 것으로 보고된다. 깨어 있을 때 일화 기억이 재현되려면 해마가 정상적으로 작동해야 하지만, 해마의 정상적인 기능이 수면 중에는 표 7-1의 두 번째 사례와 같이 변용되어 일화 기억이 꿈에 재현되는 데 지장을 준다는 것이다.

5

결론
–다음 장으로 건너가기

앞에서 살펴본 닐슨의 논문에 입각해서 내가 토론토에 도착한 날 밤에 꾼 꿈을 재검토해보자. 먼저 전날의 기억이 꿈에 영향을 미친다고 하는데, 전날의 일화 기억은 그 어떤 것도 꿈에 나오지 않았다. 꿈에서 나는 요크대학에 가서 테오 교수를 만났다. 하지만 꿈에 나온 대학 건물이나 테오 교수의 모습은 흔한 건물과 사람의 모습일 뿐 전날 토론토에서 본 건물이나 행인이 모델로 나온 것은 아니었다.

곰곰이 되짚어보니 꿈에 영향을 미친 것은 전날 캐나다에서 겪은 일반적인 '상황'이었지 개별적인 사건이나 사물에 대한 '기억'은 아니었다. 즉 이 꿈은 전날의 기억을 바탕으로 꾼 것이 아니라 전날의 상황이 불러일으키는 다음 날에 대한 걱정을 바탕으로 꾼 것이다. 그런 의미에서 이 꿈은 닐슨이 주장한 수면 시차 효과와 그다지 모순되지 않는다. 7일 후부터는 캐나다의 구체적인 풍경이 나오는 꿈을 꾸기 시작했을지도 모른다(원래 7일 후 꾸는 꿈에 기억이 가장 잘 재현된다고 하는 수면 시차 효과는 여성에게 많이 나타난다고 하지만).

또 이 꿈은 프로이트의 '낮의 잔여물' 이론과도 모순되지 않는다. 다음 날에 대한 '잘 안 되면 어떡하나'라는 '걱정'은 곧 '잘 풀렸으면 좋겠다'고 하는 '소망'과 표리를 이루기 때문이다. 프로이트가 말한 낮의 잔여물 이론이란 전날의 기억이 꿈에 그대로 나온다고 하는 것이 아니다. 꿈 내용의 요소를 연상해나가면 전날 있었던 일에 다다르게 되고 그것이 낮 동안에 채워지지 않은 소망과 결부되어 있다고 말하는 것이다. 프로이트는 전날의 기억이 바로 꿈의 재료가 되는 것이 아니라 전날의 경험으로 건져 올린 소망이 꿈의 원동력이 된다고 하는 데 주안점을 둔다. 이 장의 첫머리에 소개한《해리 포터》이야기와 비슷한 꿈, 그리고 해외 연구차 캐나다에 도착한 날 꾼 꿈은 모두 전날의 상황이 계기가 된, 미래에 대한 시뮬레이션이자 시연이었다. 전날의 상황과 경험을 토대로 '언젠가 미래에 불로불사약이 만들어진다면 나는 이렇게 행동할 거야', '내일 요크대학에 가면 나는 이렇게 행동할 거야' 하며 미리 시뮬레이션 하는 거라고 이해할 수 있다.

하지만 이들 시뮬레이션을 불러일으킨 감정은 프로이트적인 쾌락을 추구하는 욕망이라기보다 불안을 회피하려는 걱정으로 보인다. 이것은 다음 장에서 대표적인 꿈의 진화생물학적 이론으로 소개할, 레본수오의 '꿈은 위협적인 상황을 시뮬레이션 하는 기제의 발동이다'라는 주장에 더욱 잘 부합하는 생각일지도 모르겠다.

8장

꿈의 진화이론

1

꿈의 유용한 기능을 찾아낼 수 없는,
인지신경과학이라는 이름의 현대과학

이 장에서는 드디어 꿈은 무엇 때문에 꾸는가라고 하는, 좀 더 분명하게 말하자면 꿈이란 과연 무엇 때문에 존재하는가라고 하는 꿈의 기능 문제에 정면으로 부딪쳐보려고 한다.

프로이트에게 꿈의 의미는 소망충족이었다. 따라서 꿈의 기능은 채워지지 않는 소망을 환각을 통해 충족함으로써 수면을 보호하는 것이었다. 그런데 렘수면이 발견되고 난 뒤 꿈의 기능 문제는 아무래도 뒷전으로 밀려나버린 감이 없지 않다. 지금까지 몇몇 장을 통해서 살펴보았듯이 꿈 과학은 눈부신 발전을 거듭해왔다. 그러나 꿈 과학을 자세히 들여다보면 문제로 삼는 측면은 렘수면의 기능이고 발전하는 분야는 렘수면을 포함한 수면 과학이다.

이처럼 렘수면의 발견 이후 꿈의 현대과학이 걸어온 방향을, 핀란드의 인지과학자인 안티 레본수오는 이렇게 표현한다.

> 주관적인 인지신경과학 이론은 꿈의 유용한 기능을 더 이상 찾지 않고 완전히 포기해버린 것 같다. '왜 우리는 꿈을 꾸는가'라는 물음에 대한 답을 제시하지 못한 채, 특별히 어떤 이유가 있어서 꿈을 꾸는 것은 전혀 아니라고 넌지시 말하는 듯하다. 결국 꿈은 생물학적으로는 우리가 잠을 자면 자연스럽게 일어나는 현상이다. 꿈의 의식은 렘수면기에 잠자고 있는 뇌가 실행하는 다양한 신경생리학적인 기능과 더불어 발생하는, 일종의 무질서한 노이즈로 간주되고 있는 것이다.[59]

여기서 인지신경과학 이론이란 렘수면 발견 이후 사람이 대상인 경우에는 뇌파와 그 밖의 폴리그래프 기록을 측정하고, 동물이 대상인 경우에는 뇌 조직의 일부를 절단하거나 신경세포에 직접 전극을 꽂아서 활동전위를 기록하는 등 신경생리학적인 방법을 통해 뇌와 행동·인지의 관계를 연구하는 이론이다. 이 책 내용으로 말하자면 3장, 5장~7장에서 다룬 분야가 꿈의 인지신경과학에 해당한다(칼럼 참조).

레본수오는 굳이 이 같은, 예컨대 홉슨에게 전형적으로 볼 수 있는 수면과 꿈에 대한 인지신경과학 연구의 주류에 맞서 꿈에는 생물학적으로 유용한 기능이 있다고 주장한다.

칼럼 꿈의 정신생리학에서 인지신경과학으로

일찍이 의학부 생리학 교실을 중심으로 폴리그래프 기법을 활용하여 꿈을 연구하던 무렵에는 꿈이라는 정신 현상을 연구한다는 뜻에서 그 이름을 꿈의 정신생리학이라고 했다. 6장에서 소개한, 도리이 시즈오의 도호대학 의학부 내 연구가 그것이다. 그런데 뇌파계를 심리학 연구실에 들여놓고 심리학자가 폴리그래프 기법을 활용해서 꿈을 연구하기 시작한 뒤에는 생리학적 방법으로 꿈을 꾸는 심리를 연구한다는 뜻에서 그것을 일컬어 꿈의 생리심리학이라고 불렀다.

참고로 일본에서 꿈의 생리심리학 창시자 중 한 사람이라고 하면 니이미 요시즈미를 꼽는데 그는 일찍이 와세다대학 문학부에서 행한 실험 연구를 정리해서 공저로 내놓았다(니이미 요시즈미 · 호리 다다오 공저, 《수면》, 1974).

결국 렘수면 연구처럼 생리학과 심리학의 영역에서 생리학자가 연구하면 생리학의 한 부문이므로 정신생리학이라고 부르고, 심리학자가 연구하면 심리학의 한 부문으로 간주하여 생리심리학이라고 부르는 경향이 있다(일본에는 두 학문이 연합하여 만든 《정신생리학과 생리심리학》이라는 학회지가 있다). 같은 연구를 하는데도 연구자의 출신 학계에 따라 서로 다른 이름을 붙이는 것은 학문의 정체성에 대한 집착 때문인지도 모른다.

최근에는 신경심리학이라는 용어가 자주 눈에 띈다. 이는 뇌파계보다 훨씬 새로운 PET(양전자 방출 단층촬영), fMRI(기능적 MRI, 즉 기능적 자기공명영상), MEG(뇌자도, 뇌자계) 등 뇌 영상법이라고 총칭하는 첨단 기법을 동원하여 심리학자가 뇌 손상이 의심되는 환자를 대상으로 심리 테스트와 중추신경계 활동의 실시간 측정을 병행하여 장애가 있는 부분을 파헤치는, 심리학의 새로운 분야이다. 최근에는 의학적 진료뿐 아니라 심리학의 다양한 분야에서 뇌 영상법(brain imaging)을 쓰기 시작했다. 한창 꿈을 꾸고 있는 뇌를 PET 영상으로 나타낸 연구도 나와 있다.

그런데 같은 연구라 해도 의학부와 이공계 출신의 신경과학자가 실행하면 인지신경과학이라고 부른다. 게다가 이 인지신경과학이라는 명칭은 기존 정신생리학과 생리심리학을 대신해서 뇌와 마음의 관계를 이해하고자 하는 자연과학적인 연구 영역 전반을 가리키는 말로 널리 쓰이게 되었다.

2

꿈의 자연적인 기능과 발명된 기능

여기서 우리는 레본수오가 말한 꿈의 생물학적 기능과 문화적, 혹은 파생적 기능을 구별하지 않으면 안 된다. 과학철학자인 오언 플래너건은 꿈의 '자연적인' 기능과 '발명된' 기능을 구별해야 한다고 주장한다. 심층심리학자는 꿈일기를 쓰면 자기지각 능력을 강화시키는 데 도움이 된다고 한다. 나 또한 때때로 꿈 기록을 인터넷의 블로그에 올려서 해석을 덧붙이고 있는데 내게 있어 꿈의 기능은 분명 블로그의 소재로 유용하다는 것이다. 이러한 것을 발명된, 문화적 · 파생적 기능이라고 한다.

이와 달리 꿈의 자연적인 생물학적 기능이란, 문자는커녕 자기지각 능력에 바탕을 둔 문화조차 발달하지 않은 것으로 보이는 아득히면 석기시대와 수렵 · 채취시대에 그 기능을 활용할 수 있었던 개체가 더 오래 살아남고 더 많은 자손을 퍼뜨리게 해주는 것이어야 한다. 결과적으로 그 개체의 자손인 우리 모두에게 이 자연적인 생물학적 기능이 전해 내려왔는데, 다만 석기시대와는 엄청나게 달라져버린 현대의 생활환경에서는 반드시 적당하다고는 볼 수 없을지도 모른다.

레본수오는 그러한 의미에서 꿈의 기능이 무엇인가를 찾기 위한 과학적인 증거와 견해가 이미 세 영역에서 축적되어 있다고 한다. 세 영역이란 3장과 5~7장에서 소개한 수면과 꿈의 인지신경과학, 4장에서 '또 하나의 꿈의 현대과학'으로 소개한 꿈의 내용분석과 통계학적 연구, 그리고 진화심리학 이론이다.

3

진화심리학의 등장

여기에서는 진화심리학에 대해 설명한다.

오늘날과 같은 의미의 진화심리학(Evolutionary Psychology)은 1989년에 하버드대학 대학원생이었던 레다 코스미디스와 존 투비가 공동으로 연구하여 발표한 논문[60]에서 시작되었다고 보고 있다. 물론 인간의 마음과 행동에 대한 진화론적 설명은 다윈에서 시작한다. 다윈은 1859년에 출판된 저서《종의 기원》에서 이렇게 쓰고 있다.

> 먼 미래에 나는 지금보다 훨씬 중요한 연구를 위한 분야가 열릴 것으로 본다. 심리학은 새로운 기반 위에 설 것이다. 인간의 기원과 역사에 밝은 빛을 비추어줄 것이다.

그러나 다윈의 예언이 열매를 맺기까지 진화심리학은 1세기가 넘는 생각지도 못한 세월을 기다려야 했다. 인간 행동과 심리를 결정하는 것은 유전적 · 생물학적 요인보다 사회적 · 문화적 요인이 압도적이라고 하는, 이른바 문화상대주의가 심리학은 물론 20세기 사회과학과 인간과학 전반을 휩쓸었기 때문이다. 사실 인간 행동을 진화론의 관점에서 바라보며 통합하고 과학화하려는 시도는 진화심리학이 처음은 아니다. 1970년대에 등장한 에드워드 윌슨의 사회생물학이 그 시발점이었다.[61] 하지만 사회생물학은 당시 맹위를 떨치던 문화상대주의 풍조와 정면으로 충돌하더니, 성차별과 인종차별을 정당화한다는 비판을 받으며 이른바 사회생물학 논쟁을 불러일으키고 말았다.

이 사회생물학과 마찬가지로 진화심리학은 진화생물학의 토대 위에서 인간성을 연구하고자 하는, 다윈의 위대한 이론의 연장선상에 있다. 그것은 개체가 유전자에 프로그래밍된 대로 탄생하고 진화한다는 이론이다. 단, 사회생물학과 다르게 진화심리학은 최근 20년간 눈부신 진전을 보여준 인지과학의 성과도 수용하고 있다. 즉,

진화심리학

||

진화생물학

(자연선택의 메커니즘 — 자연선택의 단위는 개체도 종도 아닌 유전자이다)

\+

인지과학

(모듈이론 –마음은 다수의 모듈[기능단위]로 구성되어 있고 모듈 대부분이 무의식적으로 작동한다)

이라고 도식화할 수 있을 것이다. 이 무의식적으로 작동하는 모듈은 뒤에 가서 소개할 레본수오의 '위협적인 상황의 시뮬레이션 메커니즘으로서 꾸는 꿈의 기능'과 같은 개념이라고 보면 된다.

4

꿈의 진화와 그 진화적 적응

그런데 존 카트라이트의《진화심리학 입문》(신요사, 2005)에 따르면 진화심리학의 기본 가정은 다음과 같다고 한다.

- 오늘날 사람의 몸과 마음은 긴 시간의 진화를 통해 생존하고 번식할 수 있도록 알맞게 형성되어 있다.
- 인류는 이 지구상에 약 500만 년 동안 존재해왔기 때문에 사람의 몸과 마음은 이 생존과 번식을 위해 환경에 잘 적응하고 있다.
- 따라서 적어도 유전에 영향을 받은 인간의 행동은 생존과 그리고 최종적으로 번식을 향상시키는 방향으로 변하고 있다.
- 그러한 우리 마음의 모든 적응적 성질은 오래전 긴 석기시대

동안 겪었던 진화적 적응 환경(Environment of our Evolutionary Adaptation: EEA)의 산물이다.

이 진화적 적응 환경이 언제부터 시작되었는지 그 시대를 정확하게 정의하는 것은 불가능하다. 하지만 1만 년 전부터 시작된 농경 · 문명시대와 철기시대, 5천 년 전부터 시작된 도시문명시대는 진화적 적응 환경에 들어가지 않는 것이 확실하다. 모듈이 자연선택에 의해 진화하는 데 1만 년이라는 시간은 너무 짧다.

500만 년 전 혹은 200만 년 전에서 1만 년 전 인간의 진화적 적응 환경의 특징을 말하자면,

① 수렵채집 사회
② 남녀 간 어느 정도의 분업(남성은 수렵, 여성은 채취)
③ 집단의 규모는 150명이 한도. 이것이 '아는 사람'의 한도였고, '낯선 사람'은 집단 밖의 이방인이자 외적일 가능성이 높다.

레본수오는 이러한 진화적 적응 환경을 염두에 두고 우리의 꿈 데이터파일을 분석해가면 꿈의 자연적인 생물학적 기능이 저절로 뚜렷해질 것이라고 주장한다. 그 기능이란 위협을 피하기 위한 적절한 기술과 행동 프로그램을 수면 중에 예행연습을 하기 위해 위협적인

상황을 미리 시뮬레이션(모의실험) 하는 기능이다. 석기시대 환경에서 이 기능이 제대로 잘 작동된 개인은 수면 중에 예행연습, 즉 시연한 결과 생존율이 높아졌을 것이다. 우리가 그 자손인 이상, 꿈은 위협적인 상황의 시뮬레이션 기계로서 우리의 뇌 속에서 매일 밤 작동하고 있는 것이다.

5

꿈은 위협적 상황의 시뮬레이션이라는 이론

레본수오에 따르면 이 이론은 다음과 같이 정리할 수 있고 각각의 내용은 검증이 가능하다고 한다.

① 꿈 경험은 아무렇게나 되는대로 일어나는 것도 무질서한 것도 아니다. 현실 세계를 질서정연하게 구성한 시뮬레이션이다.
② 꿈 경험은 위협적인 상황의 시뮬레이션으로 특수화되어 있다.
③ 현실에서 위협적인 사건을 겪게 되는 경우가 아니면 꿈의 기능인 위협적인 상황의 시뮬레이션 시스템은 충분히 활성화되지 않는다.
④ 그 시스템이 충분히 활성화되어 꿈으로 나타난 위협 시뮬레이

션은 실제 맞닥뜨리는 위협적인 상황을 감지하고 대처할 수 있게 해주는 현실적인 시연이 된다.

⑤ 이러한 현실적인 시연은 시뮬레이션의 구체적인 내용이 꿈에서 깨어난 뒤 뚜렷이 기억나는가 여부와 상관없이 행동력을 향상시킨다.

⑥ 인간의 진화를 거슬러 올라가면 옛 선조인 인류가 살았던 환경에서는 자손을 퍼뜨리는 데 심각한 위협이 된 위험한 사건이 자주 발생했다. 이러한 사건들은 옛 선조들로 하여금 극한 상황에서 무언가를 선택하도록 극심한 압박을 가했고 이에 따라 위협적 상황의 시뮬레이션 메커니즘이 완전하게 활성화되었다.

레본수오가 이 '정리'를 검증하는 데 크게 활용한 것이 4장에서 소개한, 홀에서 시작된 꿈의 내용분석이다. 꿈을 수집해서 객관적으로 비교하고 연구할 수 있는 내용분석 기법에 의해 코드화된 꿈 데이터는 후계자인 돔호프 연구진의 손을 거치며 더욱더 방대한 데이터파일로 쌓여 전 세계 꿈 연구자들의 활용 자료가 되었다.

레본수오의 수만 사례가 넘는 꿈을 분석한 것 중에서 몇 가지 정리를 뽑아 소개하면 다음과 같다.

꿈 경험은 무질서하지 않으며 질서정연하다

정리 ①은 '꿈 경험은 아무렇게나 되는대로 일어나는 것도 무질서한 것도 아니며 현실 세계를 질서정연하게 구성한 시뮬레이션이다'라는 것이다.

5장에서 살펴보았듯이 렘수면의 PGO모델이 완성되었을 무렵 홉슨을 비롯한 인지신경과학자들은, 꿈을 렘수면 중 PGO파가 무작위(랜덤)로 발생한 것을 뇌에서 나름대로 해석한 것뿐이라고 주장했다. 1970년대에 PGO모델이 일본에 알려지기 시작했을 때 일본 공산당 기관지인 〈적기〉(赤旗) 과학 면 특집란에 '뇌는 무작위로 움직인다'라는 제목의 기사가 실린 적이 있었다. 과학과 합리주의를 신봉하는 사람들이 보기에 프로이트, 융으로 대표되는 꿈의 해석은 초자연 현상 같은 신비주의 분위기를 띠는 것 같았는데 이와 대조적으로 PGO모델은 신비주의를 타파하는 과학의 승리 같았을 것이다.

하지만 뇌가 무작위로 움직인 것치고는 꿈이 너무나도 잘 정돈되어 있고 무엇보다도 이야기 형태를 띠고 진행되는 경우가 많다는 것을, 우리는 경험을 통해 알고 있다. 3장에서도 언급한 뛰어난 꿈 과학자 풀케스 또한 수면이 신경화학적인 회복 과정이라는 주장을 선뜻 받아들인다 해도 '신경화학적인 회복 과정이 일종의 노이즈인 복잡하고 고도로 잘 짜여진 세계를 만들어낸다고는 대단히 믿기 어렵다'

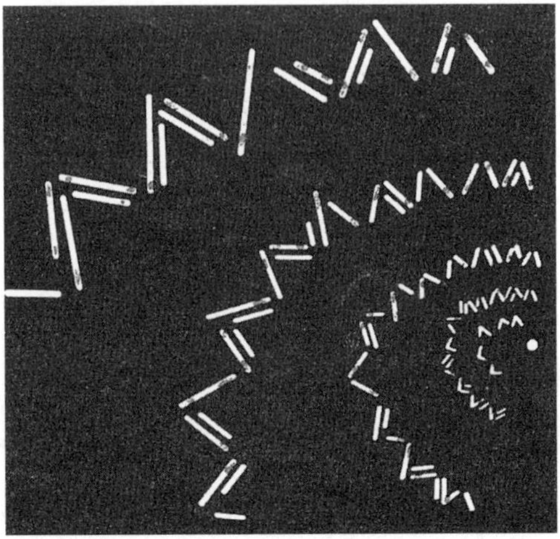

그림 8-1 **편두통의 전조 증상인 환각** 원래 그림에는 '요새 모양의 환각'이라고 씌어 있다. Richards, W., "The fortification illusions of migraines", *Scientific American, 224(5),* 88–96(1971), 90쪽에서.

고 논하고 있다(Foulkes, 1985).

실제로, 꿈과 진짜 뇌의 노이즈(잡음)로 인정되는 현상을 비교하면 비슷한 점이 전혀 없다는 것을 알 수 있다. 레본수오가 진짜 뇌의 노이즈로 꼽은 예 중 하나는 편두통의 전조 증상이었다. 그것은 백색광 혹은 형형색색으로 번쩍이는 인광(燐光)이나 기하학의 형태로 나타난다. 그림 8-1은 편두통을 앓는 환자가 자신이 느낀 환각을 그림으로 그린 것이다. 참고로 아쿠타가와 류노스케의 유작이 된 〈톱니바퀴〉라는 단편에는 이 편두통의 전조 증세가 이렇게 묘사되어 있다.

나는 그곳을 걷고 있는 동안……. 뿐만 아니라 내 시야에 묘한 것

> 을 발견했다. 묘한 것? — 그것은 끊임없이 돌고 있는 반투명한 톱니바퀴였다. 전에도 몇 번인가 이런 경험이 있었다. 톱니바퀴는 점점 그 수가 많아지며 반쯤 내 시야를 가려버렸다. 하지만 그것도 오래가지는 않았고, 얼마 후 사라지는 대신 이번에는 머리가 아파오기 시작했다. — 그것은 늘 있던 일이었다.
>
> (《아쿠타가와 작품선》, 제15권, 이와나미서점)

게다가 꿈 경험은 뇌 활동의 노이즈라고 생각할 수 없을 만큼 질서정연할 뿐 아니라 선택적으로 잘 짜여져 있다. 여기서 말하는 '선택적'이란 현실세계의 특정한 사건이 꿈속에서 선택적으로 강조되고 있다는 것을 의미한다.

실제로 꿈속 활동과 현실의 활동은 그 종류가 무척 다르다. 그중 한 예로 '읽고 쓰고 계산하는 학습' 활동이 꿈속에서는 적게 나오는 것을 꼽을 수 있다.

이에 관해 레본수오는 하르트만(Hartmann, 1998)이 보고한 두 조사 연구를 인용한다. 첫 번째 연구는 이미 발표된 많은 꿈 사례를 조사한 것 가운데 129사례를 검토한 것으로, 읽거나 쓰기를 한 사례는 단 한 건도 없었고 계산하기로 볼 만한 사례는 한 건밖에 없었다.

두 번째 연구는 꿈에 관심 있는 400명을 대상으로 꿈에 대한 설문조사를 한 것이었다. 조사 결과, 응답자들은 하루에 평균 6시간을 읽기, 쓰기, 계산하기, 문서 작성하기에 쓰는데도 불구하고 그런 활동을 하는 꿈은 전혀 꾸지 않은 것으로 나왔다.

이는 내 경험으로도 수긍이 가는 점이 있다. 나는 때때로 책을 읽다가 잠들면 인상 깊었던 대목을 읽는 장면으로 시작하는 꿈을 꿀 때가 있다. 하지만 거의 예외 없이 곧바로 등장인물들이 사는 이야기 세계로 들어가서 그들과 함께 그 세계를 살아가는 꿈이 된다.

읽기 쓰기 계산하기가 꿈 경험에서 제외되는 현상은 원시의 진화적 적응 환경에는 그런 활동이 없었음을 반영하는 것일 것이다. 그러면 거꾸로, 대체 어떤 종류의 활동이 꿈속에 과잉되게 묘사되는 것일까 하는 문제가 대두된다. 이것은 다음의 정리 ②에 결부되는 문제이다.

꿈 경험은 위협적 상황의 시뮬레이션으로 특수화되어 있다(정리 ②)

프로이트에 따르면 꿈은 소망충족이라고 하지만, 한편 생각해보면 우리의 꿈은 맹수나 정체를 알 수 없는 괴물에게 쫓겨서 도망을 간다든지 낯선 사람과 싸운다든지 하는 위험한 일, 절벽에서 추락하는 일, 시험 날 아침에 전철을 놓치는 일 등 재난으로 가득 차 있다.

정리 ②는, 꿈이 위협적 상황의 시뮬레이션으로 특수화 되어 있다면 꿈 내용은 긍정적인 요소보다는 위협적인 상황을 반영하는 부정적인 요소가 더 많이 포함되어 있다는 관찰 결과를 설명하는 것이다.

우리의 꿈 내용에는 이런 편중을 보여주는 몇 가지 두드러진 특징이 있다. 그것은 '꿈속의 감정', '꿈속의 불운', '꿈속의 공격'이다. 레본수오가 이 주장을 검증하는 데 사용한 통계학적 연구의 주요 내용을 표 8-1에 정리했다.

꿈 내용은 현대의 환경보다 인류 태고의 진화적 적응 환경을 반영하고 있다

정리 ②로부터 예측할 수 있는 또 다른 가정은 꿈속의 위협적 상황이 현대의 환경보다는 인류의 원시적인 진화적 적응 환경을 반영한다는 것이다.

원시적인 환경에 속하는 위협적인 상황을 여기에서는 '적'과 '동물'을 중심으로 다루어보겠다.

① 꿈속의 적

돔호프(Domhoff, 1996)는 적을 모든 조우 경험 중 공격적인 사건의 비율이 60% 이상이 되는 등장인물이라고 정의했다.

이 정의를, 4장에서도 인용한 홀과 밴 드 캐슬의 규범적인 샘플

꿈속의 감정	• 홀과 밴 드 캐슬의 규범적인 연구. 보고된 꿈 사례 중 여성과 18~25세 남자 대학생을 대상으로 각각 500건씩 선정하여 사례 분석. 그중 700건 이상이 감정이 표현된 꿈. 그 감정 중 약 80%가 부정적 감정, 약 20%만이 긍정적 감정. 부정적 감정을 분류하면 절반은 '근심(걱정)', 나머지 절반은 '슬픔', '분노', '혼란'(Hall & Van de Castle, 1966). • 스나이더가 최초로 수면 실험실에서 실시한 조사. 협력자(피험자)는 대학생. 렘수면 시 꾸었다는 꿈 635건 중 3분의 2 이상이 부정적 감정을 느낀 꿈이었다. 그중 두려움(공포)이 가장 많았고 그다음으로 분노가 많았다(Snyder, 1970). • 스트라우흐와 마이어가 수면 실험실에서 실시한 조사. 44명의 협력자로부터 렘수면 시 꾸었다는 꿈 사례를 수집하고 그들에게 꿈꾸는 동안 어떤 감정을 느꼈는지 구체적으로 물었더니 분노, 공포, 스트레스 등 부정적인 감정을 느꼈다는 답변이 긍정적인 감정을 느꼈다는 답변보다 약 2배나 더 많이 나왔다. 단, 구체적인 감정을 느꼈다는 답변과 달리 꿈꾸는 동안에 느낀 전반적인 기분 상태는 '좋음'이 '나쁨'보다 더 많았다(Strauch & Meier, 1996). • 두 가지 연구 결과를 놓고 볼 때, 꿈속에서 느낀 감정은 거의 대부분 꿈을 꾼 상황과 일치한다는 것을 알 수 있다(Foulkes, et al., 1988; Revonsuo & Salmivalli, 1995).
꿈속의 불운	• 꿈 사례 1,000건 중 411건은 불운에 대한 꿈이었고, 58건만이 행운에 대한 꿈이었다. 불운에 대한 꿈은 행운에 대한 꿈보다 7배나 더 자주 나타났다. 불운 중 약 70%는 자신에게 실제로 일어났던 일이다. 사고, 소유물의 분실, 부상과 질병, 장애물, 환경의 위협 등이 불운의 90%를 차지했는데 간혹 추락과 죽음 관련 꿈도 있었다(Hall & Van de Castle, 1966). • 불운은 전형적으로 건강과 행복, 재산과 목표에 위험이 따르는 상황을 가리킨다.
꿈속의 공격	• 홀과 밴 드 캐슬에 따르면 공격은 꿈속에 가장 자주 나타나는 사회적 상호작용의 유형이다(그다음이 친절과 성적 교류이다). 꿈 사례 중 약 45%가 적어도 한 차례의 공격적인 상호작용을 포함하고 있었다. 전체 공격 중 약 80%가 스스로 휘말려든 공격인데 이때 공격자보다 피해자로 나오는 경우가 더 많다.
요약	• 이상의 데이터 분석 결과, 꿈속에 등장하는 가장 뚜렷한 특징은 부정적인 감정, 불운, 그리고 공격이었다. 이 발견은, 꿈은 위협적인 상황의 시뮬레이션으로 특수화되어 있다는 가설을 뒷받침한다.

표 8-1 레본수오가 근거로 삼은 꿈의 통계학적 연구

(1966)에 적용하면 동물과 낯선 남성이 여성의 꿈뿐 아니라 남성의 꿈에서도 적으로 나타났다. 이는 원시적인 진화적 적응 환경의 특징이다. 4절에 열거했듯이 집단의 규모는 150명이 한계였다. 그러므로 그것이 아는 사람의 한계이고 낯선 사람은 집단 밖의 이방인이자 외적일 가능성이 높다. 특히 낯선 남성은 예외 없이 모두 적이고 이는 남녀를 불문하고 누구나 그랬으리라고 추측된다.

② 동물의 꿈과 아이의 꿈

꿈 내용은 일반적으로 현대의 도시 환경보다 원시 환경을 반영하는데, 그동안 살아오면서 쌓인 경험에 영향을 받는 어른의 꿈에 비해 어린이의 꿈이 더욱 충실하게 원시 환경을 반영하고 있는 것 같다.

그런 관점에서 볼 때 나타나는 두드러진 특징은 어른(대학생)의 꿈보다 어린이(4~16세)의 꿈에 동물이 나오는 비율이 훨씬 더 높다는 것이다(그림 8-2).

더구나 어린이의 꿈에는 야생동물(뱀, 곰, 괴물, 사자, 거미, 고릴라, 호랑이, 늑대, 곤충 등)이 나오는 비율이 높은 편이고 어른의 꿈에는 개, 말, 고양이 등 친근한 가축이나 애완동물이 나오는 비율이 높은 편이다.

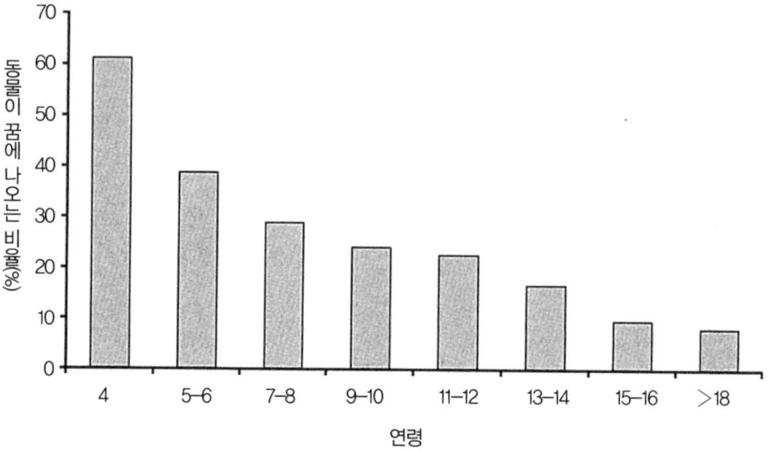

그림 8–2 **어린이의 꿈과 어른의 꿈에 나오는 동물** Van de Castle, R. L., "The psychology of dreaming", General Learning Press(1970)를 참고로 작성.

시뮬레이션 시스템을 활성화시키는 것은 현실의 체험이다(정리 ③)

어린이의 꿈에 야생동물이 나오는 비율이 높다고 해도 과거 수백만 년 전에 살았던 선조가 태고의 동물과 조우한 경험이 그대로 이어 내려와 지금의 꿈에 나오게 된다는 이야기는 아니다. 앞 장에서도 살펴보았듯이 꿈의 원료는 우리의 기억이고 꿈의 동기가 되는 것은 최근 현실에서 일어난 일이다. 어린이의 꿈에 나오는 야생동물도 그림책이나 텔레비전에서 본 이미지가 재료가 되었을 것이다. 레본수오에 따르면 '꿈 생성 기제'는 최근에 일어난 일이나 기억으로부터 쓸 수 있는 재료는 무엇이든 닥치는 대로 이용한다. 우리는 성장하면서 수많은 기억을 쌓으며 살아가는데 그 기억들에 반영된 현대의 생활환경은 원시의 진화적 적응 환경과 크게 다르다. 그 결과, 어른의 꿈에 나오는 위협적 상황도 맹수나 낯선 남성과 싸운다든지 도망가 숨는다든지 하는 단순한 상황과 확연히 다르다.

그런데 레본수오의 정리 ③은 '꿈이라는 위협적 상황의 시뮬레이션 시스템은 현실의 위협적 상황에 노출될 때 충분히 활성화한다'였다. 이런 현상이 전형적으로 나타나는 예가 충격적인 체험을 똑같이 반복해서 꿈으로 꾸게 되는 반복몽이다. 1995년에 고베 대지진이 일어났을 때 일부 이재민들 사이에 PTSD가 나타났는데 그들이 호소하는 증상 가운데 하나가 꿈에서 지진이 난 순간을 자꾸 겪기 때문에 잠을 이룰 수 없다는 것이었다.

꿈의 기제와 그 오작동

그런데 만약 꿈에 생존율을 높이는 것처럼 생물학적으로 적응하는 기능이 있다면 꿈꾸는 사람을 괴롭히는 반복몽은 적응성에 역행하는 것이 아닌가? 레본수오는 이 예상되는 반론에 대해 우리 몸의 면역 시스템을 그 증거로 내놓는다.

우리 몸에 유해한 항원이 생기면 면역 시스템에 의해 항체가 형성되는데 현대의 도시 환경에서는 박테리아와 기생충처럼 원시 환경에서 당연시되었던 항원의 원료가 줄어들고 있다. 그래서 혹자는 현대인들 사이에 화분증이 많이 나타나는 이유를, 예전에는 아무 문제가 되지 않았던 꽃가루 같은 이물질이 면역반응을 일으키기 때문이라고 주장하기도 한다. 또 면역 시스템의 심각한 오작동 때문에 자기 자신을 이물질로 인식해서 공격성을 띠는 자기면역질환이 있다. 이 자기면역질환의 가장 흔한 증상 중 하나가 류마티스인데 다발성 경화증 같은 심각한 신경질환도 자기면역질환에 속한다.

이처럼 생물학적 방어 기제가 언제나 100% 정확하게 작동해서 본래의 기능을 수행하는 것은 아니며 부작용이 따르게 마련이다. 꿈이라는 방어 기제도 예외는 아니다. 본디 기능이 발휘되어야 할 생활환경이 석기시대와 현대 사이에 변화의 폭이 크기 때문에 생물학적 적응이라는 관점에서 보자면 꿈이라는 위협적 상황의 시뮬레이션 기제는 이제 오작동 상태를 정상 상태라고 해도 과언이 아닐 것이다.

그렇더라도 프로이트가 전형적인 소망충족 꿈으로 꼽은 어린이의 꿈처럼 위협에 대한 시뮬레이션으로 설명하기에 어려운 꿈도 있지 않을까? 이 물음에 대해 레본수오는 현실에서 위협적인 상황을 경험하지 않더라도 꿈 생성 기제는 어쨌든 작동한다고 답한다. 일단 그러한 꿈 생성 기제가 만들어진 이상 적절한 계기가 없어도 작동할 수

밖에 없다. 그렇기 때문에 이 메커니즘은 최근에 가장 인상에 남은 기억을 재료로 해서 어쨌든 현실의 시뮬레이션을 하는 것이다.

현실의 경험은 결코 임의로 일어나지 않고 이야기의 형식을 띤다. 따라서 꿈도 이야기의 형식을 취한다.

우리가 현실에서 경험하는 일들은 결코 아무렇게나 되는대로 일어나는 게 아니며 맥락에 따른 줄거리가 있다. 따라서 꿈도 이야기의 형식을 취한다. 또 원시의 진화적 적응 환경을 살아가던 사람들에게 '최근에 가장 인상 깊었던 기억'은 굉장한 위험과 모험 요소를 포함한 것일 것이다. 그렇기 때문에 그 시대에는 꿈 생성 기제가 자연히 위협의 시뮬레이션을 적절하게 만들어낼 수 있었다. 적절한 환경에 놓여 있지 않은 꿈 생성 메커니즘은 말하자면 덧없이 공회전을 계속하고 있는 셈이다.

꿈에 의한 시뮬레이션은 시연 효과가 있는가

레본수오의 정리 ⑤는 '생존 기능인, 꿈이라는 시뮬레이션을 통한 시연은 꿈 내용의 기억 여부와 상관없이 그 행동력을 향상시킨다'였다. 우리는 꿈이라고 할 만한 꿈을 하룻밤에 네 번 정도 꾸지만 대부분 잊어버린다. 특히 잠든 지 얼마 안 되고 꾼 꿈은 중간에 깨지 않는 한 거의 기억나지 않는다. 그래도 꿈속 시연은 현실에서 겪을 사건에 대비하여 도움이 될까? 이에 대해 레본수오는 학습에는 잠재학습이라는 것이 있다고 주장한다. 우리는 나날이 엄청난 양의 학습을 하고 있지만 거의 대부분은 의식적으로 배우고 기억해야겠다고 해서 이루어지는 학습이 아니다. 이렇게 의식하지 않아도 이루어지는 학습을 잠재학습이라고 한다.

또한 6장에서 소개한, 렘수면이 일화 기억보다 절차 기억을 더 향상시킨다는 연구 결과도 레본수오가 이론적 근거로 내세우는 점이다. 적과 싸우거나 도망을 가는 것은 보통 무아지경 상태에서 반사적으로 일으키는 행위이기 때문에 꿈속에서 적과 싸운다든지 도망가는 행동을 취했다가 꿈 내용 전체가 일화 기억이 되지 않더라도 그런 행동 하나하나가 절차 기억으로 강화되어 생존을 위한 행동력을 향상시켜줄 가능성이 있다.

6

이 장의 결론과 다음 장의 예고

진화론적인 관점에서 꿈의 기능을 파악하고자 했던 사람은 레본수오가 처음이 아니었다. 예를 들어 프랑스의 주베는 뇌간의 청반핵 α가 절단된 고양이가 렘수면 중에 싸운다거나 장난을 친다거나 혀나 발로 털을 가다듬는 전형적인 행동을 보이는 데에서 렘수면의 기능이 PGO파에 의한 유전적인 행동 패턴의 프로그래밍이라는 가설을 내놓았다. 하지만 주베의 관심은 렘수면의 기능에 있었기에 꿈 내용을 분석한 결과를 이 주장에 결부시키지는 않았다.

또 1980년대부터 진화심리학을 연구한 영국의 니콜라스 험프리는 진화론적 접근법으로 꿈의 시뮬레이션과 시연 이론을 내세우고 있다.[62] 단, 그것은 세계 어느 사회에나 예외 없이 꿈 문화가 있음을 전제로 해서 꿈의 유용성을 추정한다는 것이다. 험프리가 다루고 있는 꿈의 특징은 상상조차 못할 만큼 놀라운 방식으로 이미지가 재조합된다는 것이다.

예를 들어(이것은 내가 생각한 예이다), 결혼하는 친구에게 축하 선물로 낮에 백화점에 가서 은그릇을 사서 보냈다고 하자. 그날 밤 2001년 9월에 일어난 뉴욕 테러 영상을 보았다. 그랬더니 두 가지 영상이 조합되어 은쟁반을 닮은 UFO가 하늘에서 마구 공격을 퍼붓는 꿈을 꾸었다. 단지 가능성에 불과한 일이지만 이런 꿈을 꾼 당신은 먼 미래에 언젠가 실제로 UFO로부터 공격을 당하게 된다면 다른 사람들보다 훨씬 더 적절하게 대처할 수 있을지 모른다. 꿈은 우리에게 경험의 지평을 넓혀줌으로써 생존율을 높이는 기제일지도 모른다.

험프리의 시뮬레이션 이론은 꿈의 생물학적 기능보다 문화적 기능에 더 초점을 맞춘 이론 같다. 그런 점에서 레본수오의 이론은 조금 억지스럽고 논조가 거칠기는 해도 사람의 진화론적 적응 환경에서 적응성이란 무엇인가 하는, 오늘날 진화심리학의 출발점에 제대로 선 이론이다. 앞으로 이러한 관점에서 바라본 이론과 실증적 연구가 더욱 발전할 것으로 기대한다.

이 장에서 다룬, 꿈의 '자연적인' 생물학적 기능, 그리고 '발명된' 문화적 기능의 구별을 통해 《길가메시 서사시》에서 시작되어 프로이트, 융에 의해 집대성된 꿈 해석학적 전통의 의의를 재평가할 날

이 올 것이다. 다음 장에서는 자각몽과 자기의식의 발달이라고 하는, 이 또한 현대과학의 주제를 다룰 예정인데 이것은 본디 꿈은 인류의 정신문명에 어떤 기여를 했나 하는, 꿈의 문화적 기능에 속하는 주제이다.

9장

자각몽과
자기의식의 탄생

1

영화 〈매트릭스〉 다시 보기
— 이 세상은 꿈이 아닐까라는 의심

이 책의 지면도 얼마 남지 않은 가운데 다시 한 번 처음에 소개한 영화 〈매트릭스〉의 한 장면으로 돌아가 보자. 기이한 미래 도시에 사는 컴퓨터 프로그래머 네오는 정체 모를 저항군 여성 트리니티의 안내로 지도자인 모피어스를 만나게 되고, 모피어스가 내민 빨간 약과 파란 약 중 빨간 약을 선택한다. 단숨에 약을 먹자 깨어난다. 네오는 곧 인간을 배양하는 인큐베이터가 여러 개의 플러그로 연결된 채 무수히 늘어서 있는 광경을 보게 된다. 인큐베이터마다 배양액이 담겨 있고 인체가 배양되고 있다. 그리고 그중 한 인큐베이터에 누운 자신을 발견한다. "아니, 이것이 이 세계의 진실이고 진짜 모습이란 말인가!" 이미 말했듯이 적잖은 사람들이 영화관을 나서면서 실은 이 세계가 가상현실의 세계가 아닐까 하는 의심을 품었다고 한다. 누구나 그랬을 법하다.

그런데 견해를 달리하면 이런 종류의 의심은 우리에게 어린 시절부터, 아니 그 오랜 옛날부터 아주 익숙한 것이 아니던가? 이 세상이 사실은 꿈이 아닐까 하는 의심 말이다.

그것이 아무리 익숙하다고 해도 보통 사람들이 무턱대고 이 세상은 꿈이 아닐까 하고 의심하는 경우는 거의 없다고 본다(나중에 서술할 어린이와 죽음에 직면한 사람들의 경우를 제외하고). 그런데 말이다. 몇 주일 동안 계속해서 '이 세상은 꿈이 아닐까' 하고 의심하도록 지시받은 몇몇 불행한(?) 사람들이 내 주위에 있었다. 그들은 바로 자각몽의 뇌파 실험에 참여한 협력자들이었다.

자각몽(lucid dreaming)이란 꿈속에서 '아, 나는 지금 꿈을 꾸고 있

그림 9-1 **에르베 드 생 드니 후작**
그림 9-2 **《꿈과 그 조종법》의 초판 표지** 《꿈 우울 환상》(인터메디컬, 2005) 60쪽에서.

는 거지'라고 스스로 알고 있고, 경우에 따라서는 꿈을 통제할 수조차 있다는, 특별한 종류의 꿈에 붙인 이름이다. 달리 명석몽이라고도 한다. 이미 고대 그리스에서 아리스토텔레스가 자각몽의 존재를 언급한 바 있고, 19세기 꿈 연구가인 에르베 드 생 드니(그림 9-1) 등은 자각몽을 자신이 원하는 대로 꾸고 조종하는 방법을 체계적으로 탐구하여 어느 정도 성공을 거두기도 했다.

1장에서 이야기했듯이 생 드니의 주요 저술인《꿈과 그 조종법》에 나오기를 자각몽 훈련을 시작한 지 2, 3개월이 지나면 1단계에서는 꿈을 꾸는 도중에 꿈이라는 것을 자각하게 된다고 한다. 2단계에서는 꿈에 재미있는 것이 나오면 언제든 바로 깨어나 기록할 수 있게 된다. 3단계에서는 꿈을 꾸다 어느 한 내용을 더 깊이 파고들고 싶으면 그 내용에 주의를 집중할 수 있게 된다. 마지막 4단계에서는 어느 정도 꿈을 자신이 원하는 대로 조종할 수 있게 된다.

그러나 자각몽이 본격적으로 각광을 받기 시작한 것은 1980년대에 스탠퍼드대학의 꿈 과학자 스티븐 라버지가 자각몽을 꾸던 중 안구운동에 의해 '지금, 자각몽을 꾸고 있다!'라는 신호를 외부 세계(뇌파기록장치)에 내보내는 실험에 성공하고 난 뒤부터였다.

2

자각몽이란 무엇인가

꿈 사례 9-1

나는 거대하고 견고한 성 깊은 곳에 있었다. 둥근 천장이 높은 통로를 헤매다가 너무나 아름다운 건축양식에 감동을 받아 걸음을 멈추었다. 주위를 둘러싼 장엄한 건축물을 뚫어지게 바라보다가 자극이 가해지는 것을 알게 되었다. ―나는 꿈을 꾸고 있다, 고! 의식이 뚜렷한 가운데 지금 막 감동받은 성의 화려한 아름다움이 더한층 경이롭게 느껴져서 설레는 마음을 가득 안고 상상 속의 현실인 이 '공중누각'을 탐험하기 시작했다. 통로를 걸어가노라니 발에 닿는 돌의 감촉은 서늘하고 단단했으며 발소리가 통로에 울려 퍼졌다. 이 매혹적인 광경은 모두 현실 같았다. ―전부 꿈이라는 자각이 있었는데도 말이다!

이는 라버지가 자신이 꾼 꿈의 한 장면을 책에 서술한 내용이다.[63] 이처럼 자각몽의 특징은 꿈을 꾸고 있다는 자각과 함께 선명함과 박

진감이 넘친다는 데 있다. 자각몽이란 정교한 가상현실의 세계 그 자체이다.

하지만 의심 많은 심리학자들은 '꿈이라고 자각한 순간 실은 잠에서 깨어났을 것이다'라는 둥, 결국 '꿈이라고 자각했다는 기억 자체가 잠에서 깨어난 후 만들어진 가짜 기억일지도 모른다'라는 둥 트집을 잡았다. 그래서 라버지는 혁신적인 실험 방법을 차용했다.

먼저 라버지 스스로 피험자가 되어 머리와 얼굴과 손목에 전극을 붙이고 폴리그래프(다용도뇌파계)를 연결한 채 실험실에서 하룻밤을 잤다. 그리고 미리 연습한 대로 그는 자각몽을 꾸는 동안 안구운동과 왼손을 쥐었다 폈다 하는 운동을 통해 본인 이름의 이니셜을 모스부호로 내보냈다(자각몽을 잘 꾸게 되는 렘수면 단계에서는 안구만이 무의식적으로 움직이지만, 꿈에서 왼손을 쥐었다 폈다 해도 현실에서 움직인 것과 같이 뇌의 감각피질운동이 활성화되었다. 이로써 꿈속 활동을 검출하고 기록한 것이다). 그러자 폴리그래프의 용지에 안구운동과 왼손 움직임이 일정한 패턴을 그리며, 라버지의 이니셜이 또렷하게 찍혀 나왔다. 꿈의 세계로부터 꿈의 바깥 세계로 실시간 교신이 가능해진 것이다.

3

자각몽 검증 실험에 성공하다

나는 6장에 소개한 도리이 시즈오의 저서 《꿈을 꾸는 뇌》를 통해 라버지의 실험을 알고 나서 현실과 꿈이라는 '이계(異界)'의 교신이 가능하다니 이 얼마나 신비한 일인가 하는 감명을 받은 한편 동시에 그것이 과연 사실일까 하는 의문도 들었다. 그래서 직접 라버지의 실험을 따라 해보기로 마음을 먹고 이학부 교양세미나 강의인 '꿈의 과학' 학생들과 함께 20세기 끝 무렵부터 자각몽 실험을 준비해나갔다. 그리고 3년에 걸쳐서 학생 4명이 꿈속에서 보내는 신호를 수신하는 데 성공하여 학회에 보고했다.[64)]

우선 교양심리학 수강생을 대상으로 수면과 꿈에 관한 조사를 실시하여 자각몽을 자주 꾼다고 응답한 학생들 중에서 지원자를 모집

① 먼저 '나는 자각몽을 꿀 것이다' 하고 되풀이한다. ② 잠들기 전 '다음 날 나는 하나, 가급적 둘 이상의 꿈을 기억할 거야' 하고 자기 암시를 한다. 꿈을 기억하기 쉽게 하는 연구……. (이하 생략) ③ 일상생활에서 자주 '지금 여기에 내가 있다'고 의식적으로 노력한다. ④ 평소 '이건 꿈이 아닐까?'라고 자문하는 습관을 붙인다.

표 9-1 **자각몽 유도법(발췌)**

한 뒤 인터넷상에도 공모를 올렸다. 그 결과, 심신이 건강하다고 판정된 12명을 최종 실험협력자(피험자)로 선정했다. 실험협력자에게는 라버지가 사용한 자각몽 유도법을 참고하여 작성한 표 9-1과 같은 매뉴얼을 나누어 주고 미리 자각몽을 꿀 확률이 높아지도록 했다. 앞서 언급한 몇 주일 동안 계속해서 '이 세상은 꿈이 아닐까' 하고 의심하도록 지시받은 몇몇 불행한(?) 사람들이란 표 9-1의 ④ 평소 '이건 꿈이 아닐까?'라고 자문하는 습관을 붙이도록 지시받은 사람들을 가리킨다.

라버지가 자각몽의 신호로 사용한 모스부호는 일본인에게는 익숙하지 않다. 그래서 실험일 1~2주 전부터 협력자에게 '꿈이라는 것을 알아차렸을 때 눈을 좌우로 2회 움직이고 두 손을 2회 쥐었다 폈다 하기'로 신호를 단순화시켜서 연습하게 했다.

실험일 밤 8시쯤 실험실로 협력자들을 오게 해서 실험을 맡은 학생들과 스스럼없이 대화하도록 했다. 협력자의 머리와 얼굴과 손목에 전극을 붙여 실험용 침대에 눕게 하고 눈과 두 손의 움직임에 따른 신호를 폴리그래프로 확인한 다음 잠들게 했다. 실험자는 실험협력자의 수면 단계를 관찰하다 자각몽 신호가 나오면 30초 뒤에 그 협력자를 깨워서 수면 상태를 청취했다. 신호가 없었어도 렘수면으로 인정된 경우에는 렘수면이 끝난 뒤 협력자를 깨워서 수면 상태를 청취했다.

실험 결과 10명의 실험협력자에게 자각몽을 꾸었다는 보고를 들을 수 있었고 그중 4명에게 자각몽 신호인 안구운동과 손목 움직임의 기록이 나왔다. 그림 9-3은 자각몽 신호가 있던 시각을 수면 다이어그램으로 표시한 것이다. 또 그림 9-4는 그때 폴리그래프에 기록된 신호이다. 보다시피 자각몽 신호를 보내는 데 하룻밤에 두 번이나 성공했다. '우수한' 실험협력자이다.

신호를 동반한 자각몽의 경우 다음과 같은 사례가 있다.

> 드넓은 벌판 한가운데에 혼자 멍하니 서 있었다. 아무것도 없으니 외로웠고 느낌은 좋지 않았는데 꿈이라는 것을 깨닫고 신호를 보냈다. 그러고 나서 이런 일은 좀처럼 일어나지 않는 일이니 그냥 즐겨야겠다고 생각했지만 무엇을 즐겼는지는 더 이상 기억나지 않는다.
>
> (20세 여성. 그림 9-3의 협력자와 다른 사람)

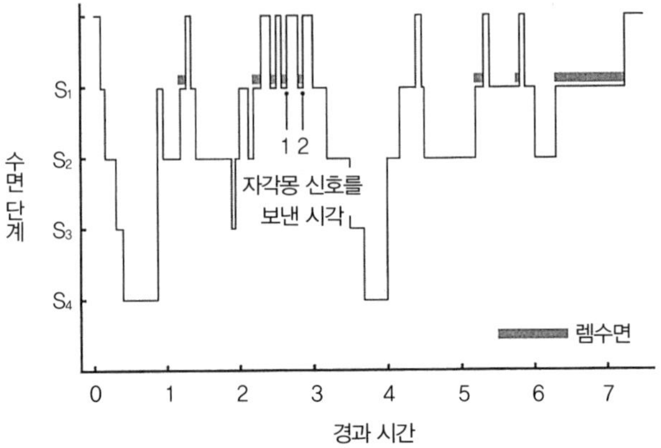

그림 9-3 **자각몽 신호가 발생한 시각**

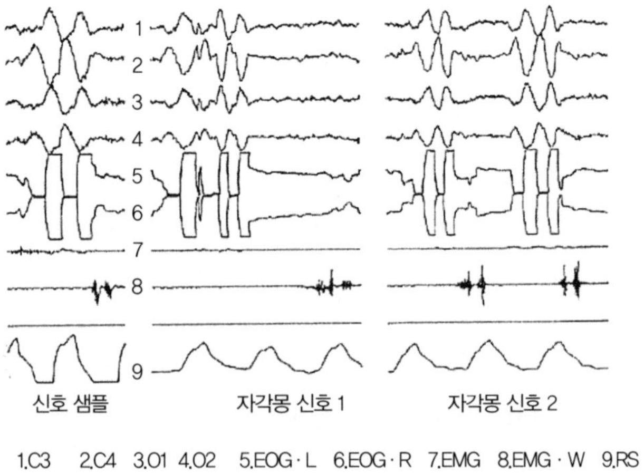

그림 9-4 **그때의 폴리그래프**

4

자각몽을 꾸기 쉬운 사람들

어떤 사람이 자각몽을 쉽게 꿀까?

우선 두 군데 대학을 선정하여 남녀 학생 261명을 대상으로 '수면과 꿈에 관한 조사'를 실시할 때 꿈과 성격 사이에 관련성이 있을 수도 있겠다는 생각에서 성격테스트인 EPQ(아이젠크 인격 질문지) 일본어판을 병행 실시했다. 이것은 외향성-내향성, 정서적 안정성-신경증적 경향성, 충동통제-정신증적 경향성 등 세 차원에서 성격을 측정하는 질문지이다. 조사 결과, 성격의 그 어떤 차원도 자각몽을 꾸는 빈도와는 아무런 관련성이 없는 것으로 나타났다.

다음으로 주안점을 둔 것이 자기의식의 강약이었다. 표 9-1의 ③ 일상생활에서 자주 '지금 여기에 내가 있다!'고 의식적으로 노력한다는 것은 뒤에 설명할 자기의식을 명료화하는 훈련이다. 자각몽이란 꿈속에서 자기의식에 눈을 뜬 상태라고 볼 수 있기 때문이다. 그래서 세 군데 대학을 선정하여 남녀 학생 321명을 대상으로 새롭게 수면과 꿈에 관한 조사를 실시할 때 일본어판 '자의식 척도'라는 질문표도 배포해서 자기의식의 강약 여부를 점수로 매기고 자기의식과 자각몽 빈도의 관련성을 측정했다. 이 자의식 척도란 '공적 자의식'과 '사적 자의식'으로 주제를 나누어 각각 10항목의 질문을 배정한 다음, 총 20항목으로 이루어진 질문에 7가지 등급으로 스스로 점수를 매기도록 한 것이다. 공적 자의식은 타인의 시선을 신경 쓰는 경향을 가리키고 사적 자의식은 자신의 내부를 관찰하는 경향, 즉 내성적 자기의식의 강도를 가리킨다.

조사 결과, 공적 자의식의 점수와 자각몽을 꾸는 빈도는 관련성이 없었다. 이와 달리 사적 자의식의 점수가 높은 사람일수록 자각몽을 꾸는 빈도가 높게 나왔다. 자각몽과 깨어 있을 때 내성적 자기의식은 분명 어떤 관계가 있는 듯하다.

5

자각몽 활용법

만약 자각몽 유도법 같은 자각몽 훈련을 통해서 꿈을 통제할 수 있게 된다면 앞 장에서 생물학적인 꿈 생성 기제의 오작동으로 해석한, PTSD 때문에 반복해서 꾸는 악몽을 치료하는 데에도 도움이 될 것으로 기대한다.

라버지에 따르면 자각몽은 무엇보다도 개인의 내면 발전에 밑거름이 된다고 한다. 무의식에 숨어 있는 문제를 깨어 있을 때 머리에 떠올리고 해석해서 해결하는 것이 아니라 꿈속에서 바로 해결하는 것이다.

라버지는 일찍이 이런 자각몽을 꾸었다고 한다. "정치적인 문제로, 한 학생이 강의 도중에 소리치며 적의를 품고 다가왔다. 나는 겁에 질려 도망가려고 했다. 그때 꿈이라는 것을 깨달았다. 이 적의를 품은 자란 바로 내 자신의 그림자이다(저자 주: 융 심리학의 무의식에 있는 그림자를 말하는 것 같다. 2장의 표 2-2 참조). 그래서 나는 자아와 그림자를 통합할 수 있는 좋은 기회라고 생각하고 그 적의를 품은 자를 끌어안고 키스했다. 그랬더니 그자가 녹아버렸다. 잠에서 깼을 때 뭔가를 해결한 기분이 들었다."

꿈이라고 지각하면 꿈을 통제할 수 있다. 라버지는 그렇게 함으로써 진정으로 자아와 자기 자신의 그림자를 통합할 수 있었는지 모른다.

레본수오가 논증했듯이 석기시대에는 꿈에 생물학적인 적응 기능이 있었을지도 모른다. 하지만 약 1만 년 전에 농경시대가 열리고 약 5천 년 전에 도시문명이 시작되어 시대가 흐를수록 레본수오가 말하는 위협적 상황의 시뮬레이션이라는 꿈의 기능은 점차 그 빛을 잃어갔다. 이제는 매일 밤 야생동물과 싸우거나 도망치는 시연을 해봤자 쓸모가 없고, 낯선 남성을 보면 적으로 간주하는 시연 따위 해봤자 낯선 사람투성이인 번잡한 도시 생활에서는 오히려 부적응을 초래할 것이다. 이것을 대신한 이론이 플래너건이 말하는 꿈의 파생적 · 문화적 기능이다. 1장에서 살펴보았듯이 세계 최고(最古)의 꿈 해석이 기록된 《길가메시 서사시》가 세계 최고(最古)의 도시인 우루크를 무대로 씌었다는 사실은 의미심장하다. 그 뒤 인류는 다양한 꿈의 의미와 활용법을 끌어내고 정신문화를 창조하는 원동력으로 삼아왔다. 자각몽 또한 그런 새로운 활용법으로 관심을 모으고 있는 것이다.

6

자기의식의 발생

4절에서 '자각몽과 깨어 있을 때 내성적 자기의식은 분명 어떤 관계가 있는 듯하다'고 썼다. 그래서 나는 이 자각몽과 자기의식의 관계성에 착안하여 꿈이 존재하기에 비로소 인류는 고도의 자기의식을 발달시키고 그것을 통해서 정신문명을 쌓아갈 수 있었다는 취지의 글을 발표한 적이 있다.[65]

자기의식의 발생에 관해서는, 사람의 인지발달과 침팬지 등 사람 이외의 영장류의 인지발달을 비교 연구하는 비교인지과학 분야에서 유력한 견해가 나와 있다. 침팬지에게도 나타나는 '타자를 기만하는' 행동이야말로 자기의식 발생의 열쇠임에 틀림이 없다는 견해이다.

영장류 심리학자인 데이비드 프리맥은 미국 펜실베이니아연구소

에서 침팬지들을 관찰하고 서로 간에 일어나는 기만 행동을 연구했다.[66)]

먼저 네 마리 침팬지 중 한 마리를 넓은 방목장으로 데리고 나와서 바나나를, 일테면 토관의 그늘 같은 장소에 숨기는 모습을 보여준다. 그런 다음 그 침팬지를 우리로 다시 들여보낸다. 10분 뒤 네 마리 침팬지를 한꺼번에 방목장에 풀어놓는다. 그러면 바나나가 숨겨진 장소를 알고 있는 침팬지는 잽싸게 달려 나가 바나나를 집는다. 다른 침팬지들은 어안이 벙벙해서 바라보고만 있다. 이것은 '달려 나가는 단계'이다.

4일째가 되면 침팬지들은 앞서 잽싸게 달려 나가려는 침팬지를 뒤쫓아 가서 바나나를 빼앗는다. 이것은 '강탈 단계'이다.

8일째가 되면 새로운 행동 패턴이 나타난다. 바나나가 있는 장소를 알고 있는 침팬지는 모르는 척 우연을 가장하고 그 장소로 다가간 다음 이때다 싶을 때 화급히 달려들어 바나나를 거머쥔다. 이것은 '기만 단계'이다.

그림 9-4에 보이듯이 단계가 진행될수록 인식 계층의 중층 구조 ("''알고 있다는 것을' 알고 있다는 것을' 알고 있다')가 한 단계씩 복잡해져서 기만 단계에서는 타자가 설정된 마음속에 '자기상'이 투사된다. "''내가 바나나가 있는 곳을 알고 있다'는 사실을 타자가 알고 있다'는 사실을, 나는 알고 있으니' 말이다.

이처럼 타자를 기만한다는 것은 타자가 자신을 어떻게 인식하고 있는가를 인식하는 것이다. 말하자면 타자라는 거울에 비친 자기를 인식하는 것이다. 이것이 자기상의 기원이며 결국에는 자기의식이 발달하는 시점이다. 이처럼 타자라는 거울에 비친 자기를 인식하는 것이 자기의식의 시작인 이상 자기의식은 침팬지처럼 사회성이 강한 동물 종에서만 발생하게 된다. 사회의 발달 없이 자기의식의 발달이란 있을 수 없다.

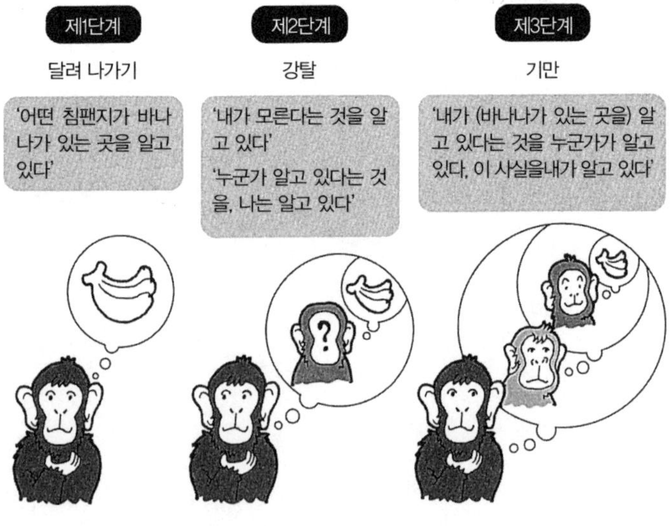

그림 9-4 **침팬지의 인식 단계의 발달** "'알고 있다는 것을' 알고 있다는 것을' 알고 있다'라는 중층 구조가 나타난다.

하지만 인간의 경우 그것으로 자기의식의 발달이 끝나는 것은 아니다. 앞에서 언급한 자의식 척도에서 공적 자기의식은 분명 자기의식의 대인적인 면에 관련이 있을 것이다. 하지만 자각몽의 빈도와 관련이 있는 것은 자기를 관찰하는 경향이 강한 쪽이었고 사적 자기의식이 발달한 쪽이었다.

7

자각몽과 자아체험

여기서 표 9-1의 자각몽 유도법을 다시 한 번 살펴보자. ③ 일상생활에서 자주 '지금 여기에 내가 있다!'고 의식적으로 노력한다는 것은 앞에도 썼듯이 평소 자기의식을 명료화해서 꿈속에서도 그것을 계속 유지하도록 힘쓰는 훈련이다. 정신과의인 찰스 맥피가 자각몽에 관해서 쓴 《꾸고 싶은 꿈을 꾸는 방법》(일본어판, 2000)이라는 책에는 무엇을 보고 이 훈련법을 구상했는지 그 이야기가 실려 있다. 수피즘 신비주의자인 구르제프에 따르면 지금 여기에 내가 있다고 자각할 때에만이 진정으로 의식이 있는 상태라고 한다. 그 외의 상태는 잠을 자고 있는 것과 같으며 '지금 여기'라는 자각을 유지하는 것도 대단히 어렵다는 것이다.

지금 여기에 내가 있다는 자각은 어른에게도 일어나기 어려운 일이다. 따라서 어린이에게 그런 자각이 처음으로 일어났을 때에는 깊은 인상이 남기도 한다.

─ 자아체험의 예

예닐곱 살 무렵이었다. 화창한 날 정오쯤 2층 방에서 창문으로 들어오는 햇빛을 멍하니 바라보다가 나는 어째서 나일까, 나는 어째서 여기에 있는 걸까 하고 생각했다.

(19세 여성) (곁점은 저자가 인용하면서 찍었음)

이는 그러한 자각이 탄생한 순간을 회상하며 쓴 글로 인상적인 사례이다. 이러한 체험 사례를, 독일 바이마르 시대의 아동 발달심리학자인 샤를로테 뷜러의 저술에 나온 용어로 빌려 쓰자면 '자아체험(Ich-Erlebnis)'이라고 한다. 일본에 국한된 이야기지만 조직적인 조사 연구도 시작되었다.[67] 이 사례를 보면 도쿄 마치다시 집에 있다든지 가나가와 현의 학교에 있다든지 하는 분명한 인식이 아니라, '내가 여기에 있다'고 하는 추상적이며 절대적인 사실을 의식한 데서부터 '왜 나는 여기에 있는가?' 하는 자아체험의 물음이 생겨난다는 것을 알 수 있다. '모시 모구 모로 모길 모씨 네 집 2층 방'이라는 구체적이고 분명한 장소와 '여기'라는 추상적 개념이 연결될 만한 필연적인 이유가 보이지 않는다고 하는 '자명성의 균열'이 직관적인 자아체험의 바탕이 되는 것이다.

'지금'에 대해서도 마찬가지이다. 지금이 21세기 초라는 특정한 시점이라는 분명한 사실에 대해 의문을 품기 시작할 때 다음과 같은 자아체험의 질문이 생긴다.

— 자아체험의 예

몇 살 때 그랬는지 확실히 기억나지 않지만 자주 떠오른 생각은 왜 지금인가 하는 것이었다. 수천수만 년 전부터 인간은 살아왔는데 말이다. (……) '윤회전생'이라는 말이 있지만 누군가가 나로 환생한 거라면 나 또한 죽은 뒤 다른 것으로 다시 태어나는 걸까.

(21세 여성) (결점은 저자가 인용하면서 찍었음)

지금 여기에 내가 있다는 자각이야말로 진정한 의미에서 자기의식의 출현을 나타내는 지표이다. 이처럼 침팬지도 할 수 있는 일차적 자기의식과 차원을 달리하는 고도의 자기의식을, 저명한 신경과학자 존 에클스의 용어에 따라 이 책에서는 내성적 자기의식이라고 부른다.

8

이 세상은 꿈이 아닐까 하는 의심과 자각몽

이쯤에서 떠오르는 이야기는 데카르트가 '나는 생각한다. 고로 존재한다'는 자각에 이르기 전에 이 세상은 꿈이 아닐까 하는 의심이 들자 불안해졌더라는 일화이다.[68] 낮에 이 세상은 꿈이 아닐까 하고 의심하는 것도 일종의 내성적 자기의식의 출현이다. 내가 조사한 자아체험 사례 중에도 어린 시절 자각이 이 세상은 꿈이 아닐까 하는 의심과 한데 뒤섞여 일어났다는 것이 눈에 띈다.

참고로 아동 발달심리학자 아사오 다케시의 《어린이와 꿈》(이와나미서점, 1996)은 자신의 자녀와 나눈 문답, 관찰기록을 통해 어린이 꿈의 발생을 밝혀낸 저서인데, 다음과 같은 사례가 실려 있기에 소개한다.

꿈 사례 62

U가 6세 2개월 18일일 때의 일입니다. 밤에 막 잠자리에 든 엄마에게 'U는 정말로 살아 있는 걸까, 꿈을 꾸고 있는 건 아닐까?', '심장을 만져봐야지, 뛰고 있네, 그래도 꿈속에서 심장이 뛰고 있는 거면 어떡하지?'라고 말합니다.

꿈 사례 63

U가 6세 2개월 19일일 때의 입니다. 막 잠자리에 든 엄마에게 '꿈을 꾸고 있는 건 아닐까? 사실은 U가 죽었고 그래서 엄마가 엉엉 울고 있는 건 아닐까?', 'U는 죽는 거 싫은데.'라고 말합니다.

(이상, 203쪽에서)

왜 '이 세상은 꿈이 아닐까'와 같은 의심이 인류의 정신사상에 스며들기 시작한 것일까? 이 의심이 곧 참된 실재 — 정말로 존재하는 것 — 란 무엇인가 하는 철학적 논쟁으로 발전해간다고 볼 수 있을 만큼 그 계기는 아주 중요할 것이다. 꿈을 꾸기 때문에 그렇다는 것이 하나의 해답이다. 1장에 소개했듯이 기원전 4세기 사람이었던 장자는 꿈에 나비가 되어 놀다가 깨어나 자기 자신인 장주가 나비가 되어 꿈을 꾼 것인지 아니면 자신은 원래 나비인데 나비가 장주라는 인간이 되어 꿈을 꾼 것인지 의심했다. 분명 이 6세 아이의 사례처럼 꿈을 꾼 일이 그런 회의를 불러일으켰다는 가정은 꽤 그럴 법하지 않을까?

하지만 장자가 이건 꿈이 아닐까 하고 회의한 것은 인간일 때 한 것이지 나비일 때 한 것은 아니었다. 그렇다면 꿈과 현실을 판단하는 기준을 '이건 꿈이 아닐까 하고 의심할 수 있다면 그것은 현실이다'라고 세울 수도 있을 것 같다.

더 나아가서 자각몽을 꾸었다고 해보자. 꿈속에서 이건 꿈이 아닐까 하고 의심한다. 거기서 우리는 꿈인지 현실인지를 판단하는 절대적인 기준이 없음을 깨닫게 된다. 꿈속에서 꿈이라는 것을 깨닫고 깨려고 한다. 겨우 눈을 떴다. 그렇게 생각한 순간 그것 또한 꿈이었다. 어릴 때에는 그런 꿈에서 또 꿈을 꾸는 일이 자주 있었다. 꿈을 깨고 나서도 이 세상은 꿈이 아닐까 하는 불안이 오래 남았다.

불교에서 말하는 부처(佛陀)를 다른 이름으로 번역하면 각자(覺者), 즉 깨달은 사람이다. 여기에도 이 세계를 꿈으로 간주하고 거기에서 깨어난다는 모티브가 인식의 출발점으로 등장하고 있다. 또한 티베트 불교에는 인도로부터 들여와 발전시킨 명상법 중 하나로 꿈 요가라는 것이 있다. 꿈 요가란 꿈을 꾸면 이것은 꿈일 뿐이라고 깨닫는 훈련을 하는 것이다. 이 깨달음의 경지에 이르는 사람은 실제로 죽어서 아직 사람의 모습[幻身]을 하고 떠돌아다닐 때 자신이 허깨비의 몸으로 사후세계를 헤매고 있음을 알아차린다고 한다. 죽음은 물리적인 신체에 구속되어 있는 인식을 해방시킬 기회이다. 하지만 보통 사람은 죽음으로 자신의 육체를 잃어버린 뒤에도 다시 허깨비 몸[幻身]의 이미지를 만들어 집착하고, 결국에는 적당한 육체를 찾아내어 그 몸속으로 들어가 환생한다. 그런데 꿈 요가는 이와 반대로 여기서부터 안쪽이 나 자신이고 여기서부터 바깥쪽은 내가 아니라는 인식을 부정한다. 오히려 그러한 인식으로부터 자유로워지는 연습을 꿈꾸고 있는 동안 해두자는 것이다. 꿈 요가라면 일부러 시간을 내지 않고 꿈을 꾸는 상태에서도 명상을 할 수 있다고 하니 게으름뱅이를 위한 명상법이라고 하겠다.[69]

누군가 자각몽을 꾸고 나서 현실세계를 꿈으로 간주하고 더욱 '깨어있는' 세계를 찾아내기 위해 종교적 형이상학적인 탐구를 시작했다. 이 가설을 검증하기란 솔직히 말해서 쉬운 일이 아니다. 하지만 개체 발생은 계통 발생을 반복한다는 헤겔의 말이 진리라고 가정한다면, 이 가설을 검증하는 방법 중 하나는 어린이에게 나타나는 자아 체험과 자각몽 체험의 관계를 파헤치는 일일지도 모른다. 이때 자각몽이란 뚜렷하고 통제가 가능하다는, 좁은 의미의 자각몽 요건을 갖추지 않아도 좋다. 그저 괴물에게 쫓겨 죽을힘을 다해 도망가다가 문득 '이건 꿈일 거야' 하고 알아차리는 정도의 흔하디흔한 자각몽일지라도 어린이에게는 내성적 자기의식이 탄생하는 계기로 작용할 수 있다.

자기의식은 여전히 수수께끼에 싸여 있다. 그런 자기의식 탄생의 비밀을 푸는 열쇠가 자각몽에 숨어 있는지도 모른다.

10장

꿈의 현상학

1

꿈을 '세계'로서 내재적으로 관찰하고 그 법칙을 찾으려면

이제 막바지에 이르렀다. 심층심리학에 의한 꿈의 해석학 시대를 거쳐서 렘수면의 발견을 계기로 꿈의 인지신경과학이 시작되고, 홀의 꿈 내용분석을 계기로는 꿈의 통계적 연구가 시작되었다. 그리고 진화심리학이 탄생한 이후 꿈의 진화이론이 등장했다. 우리는 왜 꿈을 꾸는가 하는 수수께끼를 거의 다 풀어간다고 해도 좋을 것이다.

그러나 독자에게 길을 안내하는 사람으로서 이런 말을 하면 안 되겠지만 꿈의 신비에 다가선 느낌이 전혀 없다. 꿈의 핵심을 알았다는 느낌이 아직 들지 않는다.

꿈의 신비를 밝히는 가장 중요한 개념은 무엇인가?

그것은 꿈이 '세계'로 이루어져 있다는 것이다. 내가 이 현실세계에 살면서 울고 웃고 즐거워하고 괴로워하듯이, 나는 꿈이라는 세계에 살면서 현실과 마찬가지로 울고 웃고 즐거워하고 괴로워하는 것이다. 다만 꿈과 현실이 완전히 똑같다는 것은 아니다. 완전히 똑같다면 꿈과 현실의 구분이 사라질 것이다. 무언가가 다르다. 꿈 세계와 현실세계는 서로 다른 원리와 법칙에 의해 지배를 받는다. 따라서 꿈은 이계(異界)인 것이다. 꿈의 신비에 다가가기 위해서는 꿈이라는 이계를 이계로 만들고 있는 원리와 법칙을 알 필요가 있다.

예를 들어 왜 꿈속에서는 (경우에 따라서는) 하늘을 날 수 있을까?

프로이트에 따르면 하늘을 나는 꿈은 성적 욕망을 상징한다고 한다. 하지만 이것은 꿈을 꿈이 아닌 것으로 해석한 것에 불과하다. 홉슨이라면 이렇게 말할 것이다. 하늘을 나는 꿈은, 뇌가 무작위로 발생한 전기 신호에 자극을 받아서 앞뒤 줄거리를 맞추려고 만들어낸 결과에 불과하다고. 이것도 답이 되지 않는다. 애써 꿰어 맞춘 결과라고 하더라도 꿈에 왜 지렁이처럼 땅을 기어가지 않고 하늘을 날아가는 것인지 그 이유를 설명할 수 있어야 한다. 레본수오라면 진화이론에 입각해 하늘을 나는 것은 위협적 상황을 탈출하기 위한 현실적인 시연이라고 말했을 것이다.

꿈을 다짜고짜 해석하고 설명해버리는 게 아니라 '세계'로서 내재적으로 관찰하고 이해하여 꿈의 원리와 법칙을 규명하는 학문적 방법은 없을까?

그 방법이 있었으니 그것은 바로 현상학이다. 현상학의 창시자는 20세기 초엽 프로이트와 동시대인이자 같은 유대계 오스트리아인으로 태어난 에드문트 후설(1859~1938)이다. 그는 철학으로 이름을 떨쳤으나 철학에 그치지 않고 20세기의 정신의학과 심리학, 사회학, 문화인류학 등 인문 · 사회학 분야에 큰 영향을 미쳤다. 일본에도 기무라 빈 박사와 같이 세계를 선도하는 현상학적 정신의학자가 있다.

현상학에서는 주관적인 경험을 다짜고짜 설명하거나 해석하는 게 아니라 '현상'으로서 충실하게 관찰하고 그 기본 구조를 규명하고자 한다. 현상학적 방법이 가장 성공을 거둔 예에는 독일의 정신의학자 크라우스 콘라트의 연구가 있다. 현상학적 방법으로 정신분열증 환자가 '트레마기(期), 에피파니기(期), 아포칼립스기(期)' 등 세 시기를 거쳐 그 증세가 이행된다는 것을 밝혀낸 연구이다.[70)]

그중에서 가장 성공한 현상학적 분석의 예는 '에피파니기'의 분석이다. 에피파니는 원래 종교학 용어로 '현현(顯現)'이라고 번역해왔다. 영화 〈십계〉를 보면, 시나이 산에 올라간 모세가 불타는 떨기나무에 신이 현현한 것을 확신하고는 신발을 벗고 엎드리는 장면이 있다. 성스러운 존재, 초월적인 존재가 나타나는 것이 에피파니이다. 정신분열증 환자는 '뭔가 이상하다, 주변 세계의 모습이 심상치 않게 변하고 있다'는 트레마기를 거쳐서 자기 주변에서 여러 가지 불가사의한 의미가 담긴 일이 현현하는 시기로 이행한다. 밤에 이웃집 개가 짖으면 도둑이 든 거라고 확신한다. 머리 위 구름 사이로 해가 빛나는 풍경을 보게 되면 신이 자신에게 어떤 사명을 내려주는 거라고 믿는다. 거리에 나가면 모든 것이 마치 영화처럼 잘 짜여 있다고 확신한다.

콘라트는 117명의 환자와 상담한 진료기록을 꼼꼼히 분석한 결과, 혼미와 몽환 상태로 가는 아포칼립스기(아포칼립스는 묵시록, 세계의 종말을 뜻한다) 이전에 반드시 에피파니기를 거친다는 것을 알아냈다. 그리고 현상학적 방법이 정신분열증과 그 밖의 다른 정신질환을 구별하고 진단하는 데 유용하다고 주장한다.

이 현상학적 방법을 도입하여 꿈 세계와 현실세계를 구별해보려고 한다. 참고로 꿈의 현상학적 연구는 미개척 분야여서 일본어로 읽을 수 있는 문헌이라고 하면 다음 정도밖에 떠오르지 않는다.(모두 일본에서 번역되어 출판된 책임)

- 사르트르, 《상상력의 문제》(진분쇼인, 1955)
- 로제 카유와, 《꿈의 현상학》(시초샤, 1986)
- 루드비히 빈스방거, 《꿈과 실존》(미스즈쇼보, 2001)
- 메다르 보스, 《꿈－그 현존재 분석》(미스즈쇼보, 1970)
- 데틀레프 폰 우슬라, 《세계로서의 꿈》(호세이대학출판국, 1990)

이 장은 그 시론이다.

2

현실세계를 살아갈 수 있는 시간 구조

꿈 세계로 현상학적 탐험을 떠나기 전에 먼저 현실세계의 주관적 경험 구조에 대해서 가장 기본적인 특징을 몇 가지 짚어두자. 현상학에서는 주관적으로 경험하는 세계를 '살아갈 수 있는 세계'라고 한다. 이 책에서는 그와 같은 뜻으로 '체험세계'라는 말을 사용하기로 한다.

먼저 주목할 것은 현실을 살아갈 수 있는 세계, 즉 체험세계에는 고유의 시간 구조가 있다는 점이다. 현실의 체험세계에서는 시간이 과거 → 미래로 흐른다. 그리고 우리는 과거와 미래의 경계인 '현재'를 살아간다. 이 시간 구조가 중요한 것은 물리학적 세계와 체험세계를 혼동하지 말아야 하기 때문이다. 물리학이 그리는 물리학적 세계

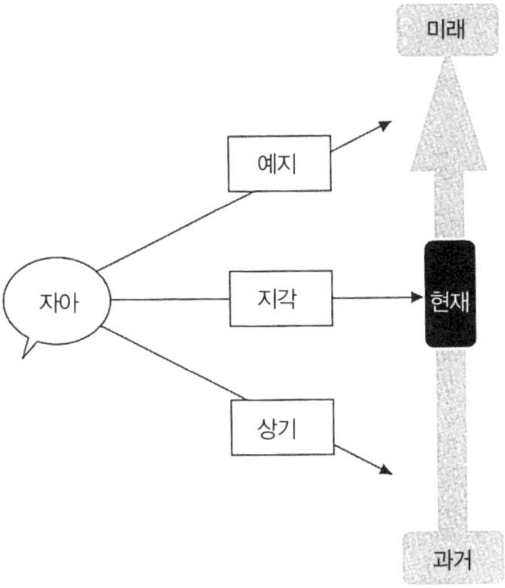

그림 10-1 **현실 체험세계의 시간 구조**

에서는 과거 → 미래 같은 시간의 방향성이 기본적으로 존재하지 않는다. 현재라는 점(点) 또한 임의로 선택되는 것이어서 물리학적 세계에는 원래 존재하지 않는다. 물리학적 세계에서 시간은 과거와 현재와 미래도 없는, 고루 같은 성질을 지닌 등질의 시간이다.

이와 달리 우리가 살아갈 수 있는 세계에서 시간은 화살과 같아서 미래로만 흐를 뿐 절대 과거로 돌아가지 않는다. 이것이 시간의 화살이며, 우리는 우리 마음대로 어찌 할 수 없는 현재를 살고 있다. 그리고 우리는 미래에 일어날 일에 대해 기대하거나 두려워하거나 계획하고, '예지'한다. 과거에 일어난 일도 기본적인 현실 체험세계의 시간 구조 아래 있다(현상학과 심리학은 모두 현재는 점(点)이 아니라 0.3초 정도의 너비를 지닌다고 본다). 그림 10-1은 그에 대한 그림이다.

그래서 이 같은 현실세계의 시간 구조에 근거해서 꿈 세계의 시간 구조를 현상학적으로 탐험하기로 한다.

3

꿈 세계의 현상학적 구조(1)
—가정법 미래가 없다?

먼저 내가 기록한 꿈일기 중 일부를 발췌하여 소개한다.

꿈 사례 10-1

2004년 6월 14일, 아침 8시, 호텔 방에서 일어나기 직전에 꾼 꿈. 그날 (요크대학에서) 만나기로 되어 있는 테오 교수를 꿈에 만나 다른 사람들을 소개받았다. 그러고는 무엇인가, '심리학 역사와 이론 프로젝트' 수강 학생들이 모여 있는 대강당으로 갔다……. 그다음은 떠오르지 않는다.

7장에서도 언급한 이 사례는 내가 첫 해외 연구차 캐나다에 건너가 토론토 호텔에서 하룻밤을 보냈을 때 새벽에 꾼 꿈이다. 그날 나는 요크대학 '심리학 역사와 이론 프로젝트'의 중심인물인 테오 교수와 만나기로 되어 있었다. 그렇기 때문에 이 꿈은 더도 덜도 아닌, 아침에 일어나면 예상되는 일의 시뮬레이션이라고 볼 수 있다. 더구나 나는 테오 교수가 초면인 데다 원래 영어회화가 서툴러서 기대보다 불안감이 더 컸다. 따라서 이 꿈은 레본수오의 이른바 위협적 상황의 시뮬레이션이라고 볼 수밖에 없다.

하지만 이렇게 해석하거나 설명하는 것은 현상학적 태도라고 할 수 없다. 현상학적 태도란 해석과 설명을 하기 전에 우선 일체의 선입견이나 주관적인 판단을 버린 채 마음을 비우고 체험이라는 현상 자체를 꿰뚫어 보고 그 본질적인 구조를 파악하는 것이다. 이러한 방법론적 절차를 현상학적 환원이라고 한다(현상학적 환원 과정 중 선입견을 버리는 전반기 단계를 현상학적 판단정지(에포케)라고 하고, 본질적인 구조를 파악하는 후반기 단계를 본질직관(혹은 본질관취)이라고 한다).

본질적인 구조를 파악하는 첫걸음은 비교이다. 꿈 세계를 현실세계와 비교해보자. 그렇게 하면 놀라우리만치 구조적인 차이가 부각될 것이다. 잠을 자기 전인 현실세계에서는 만약 내일 요크대학에 가서 테오 교수를 만난다면…… 하고 미래에 관한 가정법으로 이것저것 생각하고, '예지'하고 있었다. 그런데 꿈의 세계에서는 모든 것이 현재형으로 일어나고, 현재에 일어나는 일로 '지각'되고 있다.

과연 꿈 세계의 시간 구조에는 가정법 미래라는 차원이 없는 듯하다. 그러면 과거는 어떨까? 이를 고찰하는 데 적합한 자료로 대학생들을 대상으로 수집한 꿈 사례집 가운데 한 남학생의 사례가 있다.

4

꿈 세계의 현상학적 구조(2)
–과거형도 없다

"작년 2월에 나는 오토바이를 타고 가다가 교통사고를 당한 아주 끔찍한 기억이 있다. 다른 꿈은 꾸어도 깨고 나면 곧잘 잊어버리는데 이 사고를 당한 꿈은 몇 번이고 반복적으로 꾸게 되니 잊으려야 잊을 수 없는 몇 안 되는 꿈 중 하나이다."

그 남학생이 쓴 리포트는 이렇게 시작되고 있었는데 꿈 내용은 다음과 같다.

이 꿈은 전형적인 PTSD의 반복몽이다. 이 꿈을 레본수오라면 꿈 생성 기제의 오작동으로 결론 내릴지도 모른다. 융도 반복몽을 설명할 때 알프스 절벽에서 떨어진 적이 있는 학생이 그 뒤 몇 십 년이나 똑같은 꿈에 시달린 것을 예로 들었다. '너무나도 충격적인 체험은

꿈 사례 10-2

사고가 재생되는 꿈

그날 토요일 오후, 강의가 끝난 뒤 오토바이를 타고 집에 가는 길에 친구를 만났다. 내가 최근에 엔진오일을 갈았다고 말했더니 친구가 내 오토바이를 타고 싶어 하기에 태워줬다.

친구에게 오토바이 '상태가 정말 좋아졌다'는 말을 듣고 나는 즐거운 마음으로 다시 집으로 향했다.

늘 같은 사거리에서 좌회전한 뒤 늘 같은 왼쪽 커브를 평소보다 조금, 아주 조금 더 속도를 높여 돈 다음 늘 같은 직선 도로에 이르러서는 속도를 꽤 높이고 달렸다.

그때 전방 우측 골목길에서 작은 트럭이 스르르 나왔다(이때부터는 영상이 슬로비디오처럼 보였다). 나와 트럭 사이 거리는 50미터다. 나는 당황해서 브레이크를 잡는다. 그러나 트럭은 달려온다. 오토바이 뒷바퀴가 미끄러진다. 끼익 하는 소리가 난다. 트럭까지 남은 거리는 이제 5미터, 4미터, 3미터, 2미터. (여기서 장면은 다시 50미터 남은 지점으로 돌아가서 아까와 같은 내용의 꿈이 되풀이된다) 나는 꿈속에서 어떻게든 충돌을 피하려고 몇 번이나 애를 써보지만 다섯 번 정도 반복되고 나면 결국 쾅 하는 소리와 함께 충격을 받고 트럭과 부딪힌 장면에서 꿈이 끝난다.

자아에 통합되지 않는다. 자아로부터 격리된 체험은 악영향을 미친다. 그래서 자아는 꿈속에서 반복되는 체험을 통해 그 체험에 익숙해지고 그것을 통합하려고 한다. 체험이 자아에 통합되어간다는 것은 이 학생의 꿈이 수십 년 후 바나나 껍질을 밟고 미끄러져 넘어지는, 훨씬 덜 충격적인 꿈으로 차츰 변형되어 현재까지 계속되고 있다는 사실로부터 알 수 있다'는 설명이었다.

하지만 지금은 그런 설명에 납득될 것 같은 유혹을 뿌리치고 꿈 세계의 시간 구조에만 집중해서 본질관취를 하기로 하자. 그러면 꿈의 세계에 과거형이 존재하지 않는다는 것을 알게 된다. 낮의 현실세계에서는 꿈꾼 사람은 사고를 떠올리며 회상한다. 그러나 꿈 세계에서는 현재의 사건으로만 체험하고 지각한다.

5

꿈 세계의 현상학적 구조(3) –반사실적 조건법이 없다

이 남학생은 꿈 내용을 적은 다음 대단히 암시적인 감상을 덧붙였는데 글이 약간 길지만 그대로 소개한다.

> 최근 1년 반 사이에 이 꿈을 얼마나 꾸었는지 기억도 하지 못할 만큼 꾸고 또 꾸었다.
>
> 이 꿈을 꾸고 나서 든 생각은 특히 사고 장면인데, 실제로 보았던 위치가 아닌 다른 객관적인 위치(사고 현장의 인도 쪽이나 오토바이 뒤쪽 등)에서 내가 절대로 볼 수 없는 장면을 보았다는 점이다.
>
> (중략)
>
> 다른 한 생각은, 꿈을 꾸는 동안 내가 싫어하는 방향으로 이야기

가 흘러가려고 하면 다시 앞 장면으로 돌아가서 어떻게든 이야기를 바꾸려고 한다는 것이었다.

완전히 지어낸 꿈이면 때로는 이야기를 바꾸는 것도 가능했지만 이 꿈은 현실의 체험에서 비롯된 것이라 그런지 똑같은 장면을 몇 번씩 꾸어도 결과는 늘 변함이 없고 어떻게든 충돌을 피하려고 같은 장면을 반복해서 꾸며 애를 써봐도 결국에는 트럭과 부딪치고 만다.

이 꿈을 꾸는 도중에 깬 적도 없고 아침에 일어나서 기분이 나빴던 적도 없고 특별히 해로울 것도 없는, 그저 과거를 회상하는 꿈일 뿐이다.

그렇다면 이 꿈을 몇 번씩이나 왜 자꾸 꾸게 되는 건지 스스로 분석해보면 '어떻게든 그때 그 사고를 피할 수는 없었을까?' 하는 생각(의문)이 의식의 내면에 숨어 있지 않나 싶다.

그 때문에 꿈에서도 같은 결과(충돌)를 받아들이지 못하고 스스로 수긍할 만한 결과(회피)가 나올 때까지 되풀이하는 것일까?

그러나 몇 번을 꾸어도 같은 결과만 나오니 내 안에서 '결국 어쩔 수 없는 일이야'라는 의식이 이긴 것인지 최근에는 그 꿈을 별로 꾸지 않게 되었다.

이것으로 진정한 의미에서 사고 후유증을 극복한 게 아닌가 생각된다.

(K대학 1986년도 입학생)

예리한 관찰안이 뒷받침된 훌륭한 감상이다. 특별히 강의 시간에 융에 관해 이야기하고 나서 과제를 내준 것이 아닌데 이 학생은 융 이론을 모르고도 그 이론에 부합하는 해석을 하고 있음을 알 수 있다. 프로이트와 융의 심층심리학적 꿈 해석은 따로 심층심리학을 배우지 않아도 관찰안과 통찰력만 있으면 누구나 자연스럽게 적용할 수 있다는 것을, 나는 오랫동안 학생들의 꿈 리포트를 읽을 때마다 깨닫고 있다.

그것은 그렇다 치고 현실세계 쪽에서 본 이 감상과 꿈 내용을 비교하면 현실과 꿈의 차이가 더욱 분명해진다. 현실세계에서 꿈을 꾼 사람은 '만약 그 사고를 피할 수 있었더라면……' 하는 가정법을 써서 반실가상(反實假想. 현실과는 반대되는 것을 가정해보는 것)을 하고 있는 것 같다.

'만약 수입이 많으면 큰 집에 살고 있었을 텐데', '만약 영어가 유창하다면 해외에서 활약하고 있었을 텐데' 등 우리는 평소 가정법을 써서 '만약 X라면 Y일 텐데(현실은 Z다)' 하는 것처럼 소망을 담은 반실가상을 한다. 영문법에서는 이런 사실을 나타내는 가정법의 일종으로 반사실 조건문이 쓰인다. 또한 '만약 그때 유학 시험을 보고 합격했더라면 외국 기업에 취직했을 텐데' 하는 식으로 과거 사실의 후

회를 담은 가정법의 일종으로 반사실 조건문 과거도 쓰인다. 하지만 꿈 세계에서는 과거에 대한 반실가상 역시 현재의 일로 지각되고 체험되어버린다.

6

가정법이 없는 꿈 세계의 구조를 통해서 소망충족설과 시뮬레이션 이론을 이해하다

우리는 아무래도 프로이트류의 꿈의 소망충족설과 레본수오로 대표되는 꿈의 시뮬레이션 이론을 통합적으로 이해할 수 있는 지점에 도달한 듯하다. 소망한다는 것은 가정법을 써서 반실가상을 하는 것이다. 그런데 꿈 세계에서 반실가상은 곧 현재의 일로 지각되고 체험된다. 이것을 낮의 시점에서 보면 꿈은 충족되지 못한 소망의 환각적 충족이 된다.

또한 미래의 일 역시 만약이라는 가정법을 써서 기대하거나 걱정하면 꿈 세계에서는 기대하거나 걱정한 대로 그 일이 현재의 일로 지각되고 체험된다. 기대한 일이 꿈에서 일어나면 소망충족이 되고,

걱정한 일이 꿈에서 일어나면 위협적 상황의 시뮬레이션이 된다. 즉 꿈 세계에는 가정법이 없다.

8장에서 보았듯이 나쁜 꿈이 좋은 꿈보다 더 압도적으로 많다면, 꿈은 석기시대의 혹독한 생활환경에서는 환각에 의한 소망 충족으로 불만을 해소하는 것보다 위협적 상황을 시연하는 쪽이 적응 가치가 더 높았는지도 모른다. 그렇다고 해서 레본수오처럼 위협적 상황을 시뮬레이션 하는 꿈 생성 기제 같은 가공의 메커니즘을 만들어낼 필요는 없지 않을까. 그저 가정법이 없기 때문에 꿈 세계의 시간 구조에서는 미래형이 현재형으로, 기대가 지각으로 체험될 뿐이기에 말이다. 결과적으로 꿈은 미래의 시뮬레이션이나 현재의 욕구불만 해소에 어느 정도 유용했기 때문에 생물학적 적응 가치를 획득했고 꿈을 꾸는 경향은 진화의 산물로서 오늘날까지 존재하게 된 것이 아닐까.

7

꿈 세계의 현상학적 구조(4)
-진짜 현실과 기호 가공의 이중성이 없다

체험세계의 시간 구조를 현상학적으로 고찰하는 데서부터 출발하여 꿈 세계에는 가정법이 없다는 본질관취를 통해 꿈의 소망충족설과 시뮬레이션 이론을 통합적으로 이해하는 데 유효한 관점이 도출되었다. 이제 조금 더 나아가서 시간 구조 이외의 측면에도 꿈의 현상학적 탐험을 계속해보자.

다시 한 번 내가 꾼 꿈 중에서 하나를 사례로 들겠다.(꿈 사례 10-3)

그 꿈일기를 다시 읽어보니 꿈 기록 끝에 이런 메모가 덧붙어 있었다. "이, 논문을 쓰고 있는 꿈은 며칠 전 읽은 앨런 홉슨의 책 내용 중 '논문을 쓰는 꿈은 꾼 적이 없다. 꿈에서는 합리적 사고가 불가능

꿈 사례 10-3

융에 관한 논문을 쓰던 중 논문 속으로 들어가 융이 되어버린 꿈

2008년 8월 21일 새벽녘에 꾼 꿈. 꿈속에서 나는 논문을 쓰고 있었다. 베토벤의 유명한 제5번 운명 교향곡의 첫 소절(쾅쾅쾅쾅쾅)을 예로 들어 그 소절에 드러난 불안 심리는 프로이트와 융의 정신분석에서 매우 중요한 개념이라는 식의 논지였다. 그때 나는 '이 불안은 프로이트에 따르면 성적 억압에서 유래한다……'고 쓰고 있었다. 프로이트의 유명한 논문에 그렇게 씌어 있다. 그런데 융의 유명한 논문에는 '그 불안이 현대에 특유한 것으로……' 하는 식으로 씌어 있다. 이 주제를 놓고 프로이트와 융이 처음으로 만나 토론을 벌였다. 하지만 두 번째로 길모퉁이에서 맞닥뜨렸을 때 융은 멀리서 오는 프로이트의 모습을 보더니 토론하기 귀찮다는 듯 나무울타리 뒤로 숨어버렸다.

이 장면에서 어느새 나는 융이 되었다. 그건 울타리라기보다 떨기나무였는데 그 사이로 점점 깊이 들어가 몸을 숨겼다. 프로이트가 저건 융이 아닌가 하고 의심스러운 듯 떨기나무 사이를 깊이 들여다봤지만 좀처럼 찾지 못하는 듯 했다.

또 잠이 깰 무렵에는 비몽사몽간에도 베토벤의 운명 교향곡은 불안보다 우수에 더 가까운 심리 상태를 드러낸 곡이니 논거로서 적당한가…… 하고 끊임없이 생각했다. 꿈에서는 융의 이론을 이해하고 있다고 생각했을 텐데, 그리고 꿈을 깬 뒤 얼마간 그것을 알았을 텐데, 이렇게 적어보니 생각이 나질 않는다. 게다가 꿈에서는 논지가 논리 정연했을 텐데 계속 써보니 지리멸렬했다. 애초에 프로이트는 베토벤에 대해 쓰지도 않았을 터이다.

하기 때문이다'라는 주장에 대한 반증이 된다. 꿈에서도 논문 쓰기는 가능하다. 단 꿈을 꾸는 도중에 논문 속 등장인물—여기서는 융—이 되어버리고 꿈을 깬 뒤 시간이 조금 지나면 그 논지가 지리멸렬하다는 것을 알게 된다."

이른바 읽고 쓰고 계산하는 활동이 꿈에 나타나는 비율이 현실세계에 비해 현저하게 낮다는 것은 8장에서 이미 레본수오의 이론을 바탕으로 밝힌 바다. 이 꿈에 보였듯이 책을 읽는다거나 논문을 쓰는 행위가 꿈에 아예 등장하지 않는 것은 아니다. 나는 중학생 때부터 세계 문학을 닥치는 대로 읽기 시작했는데 인상 깊은 소설을 읽고 자면 그 소설을 읽는 꿈을 꾸곤 했다. 단, 처음에만 책을 읽고 있을 뿐이고 거의 예외 없이 소설 속 세계로 빨려 들어가 등장인물 중 한 사람(대개는 주인공)이 되어 그 세계를 사는 꿈이 되어버렸다. 이 꿈도 예외가 아니다. 융을 주제로 논문을 쓰다가 꿈에서 융이 되고 말았다. 여기서 꿈 세계의 현상학적 구조 중 다른 면을 깨닫지 않을 수 없다.

현실세계에서는 소설을 읽거나 영화를 보면서 자신을 잊고 이야기 속으로 빨려 들어가도 그것이 소설이며 영화라는 사실, 즉 이야기가 종이의 잉크 패턴과 스크린의 영상 등 '기호'에 의해 묘사된다는 사실을 망각하지 않는다. 또 자신을 주인공인 마법사 해리 포터와 동일시한다 해도 자신이 해리 포터라고 확신하는 것은 아니다.

바로 이런 현상이 꿈에서는 일어나지 않는다. 꿈에서 소설을 읽으면 그 세계로 문자 그대로 빠져 들어간다. 소설 속 픽션 세계가 그대로 꿈 세계를 구성한다. 그리고 나는 해리 포터로 살기 시작해서 스스로를 해리 포터라고 믿어 의심치 않는다. 꿈 세계에서는 진짜 현실과 문자나 영상 등 기호에 의해 묘사된 픽션(비현실)의 이중성이 불가능하다. 꿈 세계에서 묘사된 상상은 반드시 현실화된다.

실은 이것 또한 꿈에 가정법이 존재하지 않는 또 다른 일면이다. 현실세계에서 소설을 읽거나 영화를 보는 동안에는 소설이나 영화의 기호작용에 의해 나는 마치(as if) 해리 포터인 것처럼 살아간다. 이와 달리 꿈 세계에서는 마치 어떠어떠한 듯하다(as if)는 이야기가 오래 지속될 수 없다. 머지않아 '마치 어떠어떠한 듯'(as if)이라는 가정법 현상이 탈락하고 나는 문자 그대로 해리 포터가 되어 마법의 세계를 살아가게 된다.

앞에서 꿈 세계에서는 기호작용이 일어나지 않는다고 했는데 이 기호작용에 대해 설명을 덧붙이겠다. 미국의 논리학자 찰스 퍼스에 따르면 기호작용의 3분류 논리는 기호 표상체, 기호 대상체, 해석체이다. 예를 들어《해리 포터》시리즈가 씌어 있는 글을 보았을 때 책이라는 글자 자체는 표상체이고, 실제 가공의 책 이야기는 대상체이

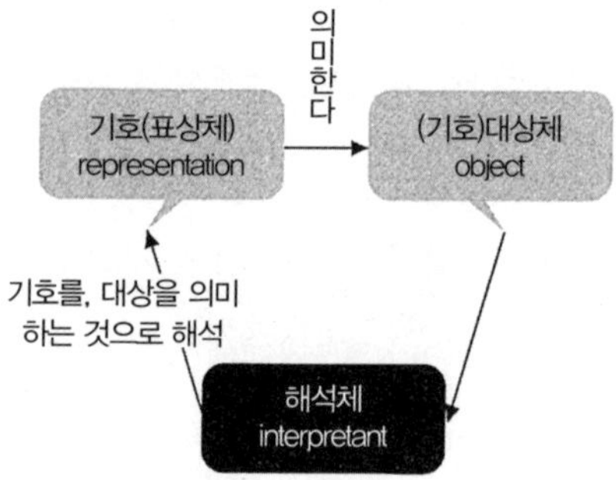

그림 10-2 기호작용의 3분류 논리

며, 독자는 해석체이다(그림 10-2). 독자는 책이라고 하는, 잉크가 얼룩진 종이 다발의 의미를《해리 포터》이야기라고 해석한다. 이때 기호와 의미는 필연적인 연관성이 없으며 선택의 자유가 있다. 판타지에 전혀 관심 없는 사람에게《해리 포터》책은 그야말로 잉크가 얼룩진 종이 다발에 불과하다. 애독자라고 해도 피곤이 몰려들거나 졸음이 쏟아질 때에는 책을 아무리 들여다본다 한들 어느새 눈은 '페이지 위 글자를 공허하게 쫓기만' 할 뿐이다. 그때 당신은 책의 의미를 이야기로 해석하지 않고 잉크가 얼룩진 종이 다발로 지각한 것이다. 기호를 단순히 지각할지 해석할지 하는 것은 개인에게 달린 일이다.

이런 일이야말로 꿈 세계에서는 일어나지 않는 일이다. 꿈 세계에서 기호 자체, 책 자체를 지각의 대상으로 삼는 것은 불가능하다. 기호(책)는 반드시 해석 과정을 거쳐 (어느새 지각의 대상으로 볼 수 없다는 의미에서) 투명해지고, 그리고 독자는 기호 대상체인 가공의《해리 포터》이야기를 현실의 일로 지각하는 것이다.

꿈 세계에서는 해석 대상도 되고 지각 대상도 되는 이중성을 띤 기호는 존재할 수 없다. 기호는 반드시 투명해지고 기호가 의미하는 가공의 사건을 현실로 지각하여 가공의 세계를 살아가게 된다.

8

꿈 세계의 현상학적 구조: 총론 정리

지금까지 서술한 현상학적 분석 내용을 다시 정리해보자.

현실세계에서 '이것이 현실'이라는 확신을 주는 의식작용을 지각이라고 한다. 현재에 대한 지각작용을 둘러싸고, 시간축 위에서 과거로 향하는 것은 상기이고 미래로 향하는 것은 예지이다. 또한 지각과 같이 현재형이지만 현실이라는 확신을 주지 않는 의식작용에는 반실가상인 상상과 기호작용이 있으며 가정법은 이것들을 가정하고 서술하는 표현 방법이다. 이들 가정법적인 작용이 구름처럼 지각작용 주위를 둘러싸고 있는 것이 현실이라는 이름의 세계, 즉 우리가 살아갈 수 있는 체험세계이다.

꿈 세계는 이것과 전혀 다르다. 상기와 예지, 반실가상인 상상, 그리고 기호작용에 입각한 픽션도 꿈에서는 곧 지각되고 현재의 체험으로 바뀌어 이것이 현실이라는 확신을 갖게 한다. 현실세계에서는 지각의 독재체제 아래 다양한 의식작용이 질서 정연하게 구조화되어 있다. 반면 꿈 세계에서는 독재체제가 무너지고 다양한 의식작용이 서로 현실감을 겨루는 무정부 상태에 놓인다. 구조 면에서 현실세계는 복잡하고 꿈 세계는 단순하다. 그 대신 내용 면에서 현실세계는 지각 이외에는 '가정에 불과하다'는 의미에서 빈약하며 꿈 세계가 훨씬 더 풍부하다.

이렇게 정리할 수 있을 듯하다.

지금까지 정리한 꿈 세계의 가장 기본적인 구조 분석을 현상학적 '총론'이라고 한다면 다양한 주제를 놓고는 현상학적 '각론'을 펼칠 수 있을 것이다. 여기에서는 지면 형편상 각론 중 '자기와 타자' 구조만 다루기로 한다. 왜냐하면 현실세계의 기본 현상학적 구조인 '자기-타자' 구조가 성립하지 않는 꿈 장면이 이 장에서 이미 두 차례나 언급되었기 때문이다.

첫 번째는 꿈 사례 10-2에서 '이 꿈을 꾸고 나서 든 생각은 특히 사고 장면인데, 실제로 보았던 위치가 아닌 다른 객관적인 위치(사고 현장의 인도 쪽이나 오토바이 뒤쪽 등)에서 내가 절대로 볼 수 없는 장면을 보았다는 점이다'라고 하는 부분이다. 현실세계에서는 내가 내 시점을 벗어날 수 없는데 꿈 세계에서는 그렇지 않은 모양이다.

두 번째는 꿈 사례 10-3이다. '나는 와타나베 쓰네오이다. 따라서 융은 타인이다.' 이것이 현실세계의 구조이다. 하지만 꿈 세계에서는 이것 역시 성립하지 않는 듯하다.

9

현실세계의 '자기-타자' 구조

꿈 세계의 '자기 - 타자' 구조, 혹은 줄여서 '자타 구조'를 탐험하러 나서기 전에 현실의 체험세계에서 자타 구조를 명확히 해두자.

현실세계에서 나는 와타나베 쓰네오이다(독자는 각자 괄호 안에 자신의 이름을 넣고 읽어보자). 따라서 와타나베 쓰네오 외의 사람은 타자이다. 이 사태를 앞 절에서 밝힌 지각의 독재체제에 따라 묘사해보자. 자기와 자기를 둘러싼 주변 세계를, 지각에 충실하게 묘사해본다.

그러면 그림 10-3과 같은 그림이 그려진다.

나는 그림 그리기에 서툴러서 마흐의 저서 《감각의 분석》에 나오는 것을 참조했다. 에른스트 마흐(1847~1913년)는 음속의 단위에 그의 이름을 남긴 19세기 말의 물리학자로, 실험심리학 연구에 큰 족적

그림 10-3 마흐의 〈거울 없는 자화상〉

을 남긴 철학자이기도 했다. 이 그림은 유명한 마흐의 〈거울 없는 자화상〉이다. 마흐는 진정한 의미의 자화상을 그리고자 했다. 거울 없이 나의 눈으로 본 나를 그리려 한 것이다. 그러다 보면 가장 중요한 얼굴을 그릴 수 없는 이런 자화상이 되지 않을까?

그러면 타화상은 어떤가? 그림이 간단하긴 하지만 그림 10-4와 같이 그릴 수 있다.

우리는 보통 의식하지 못한 채 살아가지만 현실의 지각 세계에서 자화상과 타화상은 완전히 다른 모습을 하고 있다. 평소 느끼지 못하기 때문에 자화상과 타화상이 완전히 다르다는 사실을 생전 처음 의식하는 순간은 충격적인 체험 그 자체이다. 건축가 더글러스 하딩은

그림 10-4 시야 내 여러 명의 타자가 보이는 상태

그러한 체험을 이렇게 묘사하고 있다.

……그때까지 나는 왠지 막연하게 나 자신은 몸이라는 집에 살며 두 개의 작은 구멍을 통해서 세계를 응시한다고 생각했다. 하지만 지금 나는 결코 그렇지 않다는 것을 깨달았다. …… 실은 내 얼굴 '이쪽'에는 창이 하나밖에 없다. 그리고 그것은 활짝 열려 있고 틀 없이 거대하며 그것을 통해 안을 들여다보는 사람은 아무도 없다. 눈과 그 눈을 에워싸고 있는 얼굴을 한 사람은 언제나 타인들이지 결코 내가 아니다. 그러면 인간은 두 종류가 있다 ― 완전히 다른 두 종류의 인간이 존재하게 된다. 하나는 나도 셀 수

없이 많은 실례를 알고 있는데 확실히 머리를 어깨 위에 얹고 있는 인간이다(여기서 말하는 '머리'란 불투명하고 색깔이 있고 털이 나 있으며 구멍이 여러 개 뚫려 있고 지름이 20센티미터만 한 공을 가리킨다). 또 하나는, 나는 한 가지 예밖에 모르는데 확실히 어깨 위에 그런 공을 얹고 있지 않은 인간이다. 그리고 지금까지 나는 정말 이토록 큰 결정적인 차이를 놓치고 있었던 것이다. 만성적 광기, 영속적 환각(여기서 말하는 '환각'이란 사전적 의미로 외부 자극이 없는데도 그것이 마치 실재 있는 것처럼 지각한다는 뜻)의 희생자인 나는 늘, 자신은 다른 사람들과 조금도 다르지 않다고 생각했지 목을 베이고도 용케 살아 숨 쉬고 있는 두 발 달린 동물이라고는 결단코 생각하지 않았다.

더글러스 하딩, 《심안을 얻다》(1994), 13~22쪽.

이처럼 자기는 다른 모든 사람들과 완전히 다른 범주에 속한다고 인식하는 체험을, 나는 유아론적(唯我論的) 체험이라고 칭한다. 현상학적으로 유아론적 체험은 '자신은 타자와 같은 종류의 존재라고 하는, 자아의 자명성이 무너지는 것'이라고 정의한다. 인류의 일원이라는 자명한 사실이 의심스러워지는 체험이다. 일본 전역의 대학생 1,000명을 대상으로 실시한 조사 결과에 따르면 응답자의 약 6%가 유아론적 체험을 적어도 한 번은 했다고 한다. 또 처음 경험한 시기를 묻는 항목에는 6세부터 9세 사이의 아동기였다는 응답이 가장 많았다. 인간은 자기 자신밖에 없고 다른 모든 사람들은 우주인이거나 기계가 아닐까 하는 식의 공상과학적인 의심이 가장 많았다.[71]

10

꿈 세계의 '자기-타자' 구조

그런데 말이다. 꿈 세계에 들어가면 이러한 현실의 지각 세계와 같은 자타 구조는 대단히 애매해진다.

꿈 사례 10-2에서 꿈꾼 사람은 자기를 객관적인 시선으로 바라보고 있다. 꿈꾼 사람의 '자기'는 꿈속에서는 타자들 가운데 한 사람에 지나지 않는다.

꿈 사례 10-3에서 꿈꾼 사람인 나는 처음에 융에 관한 논문을 쓰고 있었는데 어느새 융이 되어버린다. 또 다음의 꿈 사례 10-4도 내가 꾼 꿈인데, 꿈속에서 나는 이야기를 영화나 텔레비전 드라마로 보는 사람이기도 하면서 이야기 속 등장인물 중 한 사람이기도 하다는 이중성을 띠고 있다.

꿈 사례 10-4

파리 ○○○정신분석연구소라는 제목의 이야기 꿈

파리 ○○○정신분석연구소라는 제목의 영화거나 텔레비전 드라마가 시작되고 있다('○○○'에는 사람 이름이 들어갔지만 기억에 없다). 정확하게 말하면 '영화', '텔레비전 드라마'라고 한 것은 깨어난 후의 해석 · 합리화라서 단순히 그런 제목의 '이야기'가 꿈으로, 혹은 꿈속에서 시작되었다고 해야 할 것 같다.

몇 명의 '연구원'이 걸어 나왔다. 장소는 파리 근교의 공원이었는데 그 공원의 (같은) 지구 안쪽에 있는 건물을, 왠지 나는 다른 꿈에서 와본 적이 있는 듯했다.

나는 연구원 중 한 사람이면서 동시에 이야기를 위에서 내려다보는 관객이기도 한, 꿈에 흔한 이중성을 띠고 존재한다. 연구소의 일원인 나는 다른 일원(소장 다음으로 연장자인 사람)에게 다가가 개인적인 일을 의논하고 정신분석적인 조언을 들었다. 상담 내용은 꽤 진지했고 S씨에게 (현실세계에서) 상담을 받던 현 상황과 관련이 있는 듯했다. 잠에서 깨어난 순간에는 꿈 내용이 기억나는 것 같더니만 지금은 전혀 기억나지 않는다.

연구원들 중 한 사람은 여성이고 다른 한 사람은 (어제 만난 어떤 사람과 닮은) 흑인계 인물이었다. 연구원들은 조금씩 바뀌면서 교대로 장면 중앙에 등장했다. 장면이라기보다 '화면'이었고 화면 중앙에는 (파리 ○○○정신분석연구소라는) 이름의 글자가 하얗게 표시되어 있었다. 연구원들은 이 글자 뒤로 나타났다 사라졌다 했다. 한편 나는 나이가 지긋한 연구원이 해준 조언이 적확한 데 경외감을 느꼈다…….

이 꿈은 이미 서술했듯이 꿈속 이야기를 관찰하고 있을 때 내 존재의 이중성이 명확하게 드러난다. 현실세계에서는 예컨대 〈해리 포터〉 이야기에 푹 빠져 있을 동안에는 자신을 해리 포터와 동일시하지만 지각된 현실로서 결코 나 자신이 '와타나베 쓰네오'임을 잊은 것은 아니다. 그렇지만 꿈 세계에서는 이야기 속에서 등장인물로 살아가는 체험세계와 그것을 관찰하는 체험세계 양쪽 모두가 지각된

현실이다. 게다가 이 꿈 사례 10-4와 융이 된 꿈 사례 10-3이 다른 점은, 정신분석연구소 일원으로 이야기에 등장한 나는 결코 융이나 해리 포터 같은 타자가 아니며, 그것도 나 자신 와타나베 쓰네오라는 데 있다. 내가 정체성을 잃지 않고 이야기 속에서 살아가는 나와 그것을 관찰하는 나로 분열되어 있는 것이다.

실은 이러한 자기 분열이야말로 현실세계에서 자아의 존재 방식이다. 지각된 현실로서 나는 마흐의 〈거울 없는 자화상〉처럼, 그리고 하딩의 충격적 체험처럼 유일하게 '머리가 없는 인간'이다. 즉 순수한 시선이며 주관성이다. 다른 한편으로 나는 머리가 있는 대다수 인간 부류의 일원으로서 객관적인 존재이다. 이러한 존재의 이중성을, 후설은 순수자아와 경험적 자아의 자기분열(Ich-Spaltung)이라고 했다. 평소 우리는 자신이 그러한 자기분열 상태에서 살고 있다고는 전혀 의식하지 않는다. 현상학적 환원을 통해서 비로소 밝혀지는 것이다. 꿈 세계란, 현실세계에서는 너무나 자명한 나머지 오히려 깨닫지 못하고 은폐된 체험세계의 구조(현상학적 구조)가 드러나는 장(場)이다.

꿈의 현상학은 프로이트와 융의 꿈의 심층심리학, 렘수면의 발견과 더불어 등장한 꿈의 인지신경과학, 홀로부터 시작되는 꿈의 통계학적 연구 등과 함께 4대 연구의 기둥을 이룬다. 그럼에도 불구하고 꿈의 현상학은 다른 분야보다 크게 뒤떨어졌다.

그 증거로 꿈의 현상학적 연구에 관한 주요 문헌을 떠올려봐도 일본에 번역된 것은 이 장에 소개한 사르트르의 《상상력의 문제》 말고는 몇 권 되지 않는다. 임상 분야에 관심 있는 독자라면 영문판 문헌으로 《질적 심리학의 진보》(1987)에 실려 있는 크레이그(P. E. Craig)의 논문[72]이 도움이 될지도 모르겠다.

꿈의 현상학의 이점은 누구나 탐구할 수 있다는 것이다. 프로이트 · 융의 심층심리학에 의한 꿈 해석은 3장에서도 지적했듯이 그 자체로는 과학(사이언스)이 아니라 기예(아트)이며, 임상 현장에서 세라피스트가 클라이언트를 치료할 때야 비로소 넓은 의미의 의술(아트)로서 살아난다. 렘수면과 더불어 시작된 꿈의 인지신경과학은 실험과학인지라 실험실을 갖출 수 없는 사람에게는 꿈도 못 꿀 일이다. 홀에서 시작된 꿈의 통계학적 연구도 대량의 데이터를 얻기 위한 조사라는 영역과 데이터 코드화에 드는 인력이 요구된다. 반면 꿈의 현상학적 탐구를 위해서는 세라피스트의 상담실도 뇌파 실험실도 통계 조사를 위한 장소도 필요 없다. 본인이 꿈꾸는 능력만 있으면 된다. 할 수만 있다면 9장에 나오는 에르베 드 생 드니처럼 매일같이 꿈을 기록해서 자기 자신을 데이터 풀로 삼는 것이 바람직하다.

참고로 나는, 귀족이었던 생 드니 후작처럼 한가하지도 않고 또 부지런하지도 않지만 이거다 싶은 꿈은 '꿈의 현상학'이란 제목으로 내 개인 블로그에 공개로 올리고 있다. 이 장의 내용도 내 블로그와 눈

싸움을 통해서 집필했다고 해도 과언이 아니다.

물론 현상학에 대한 최소한의 지식은 필요하다. 쉽게 접할 수 있고 지명도도 높은 하이데거나 사르트르, 메를로 퐁티보다는 현상학의 아버지인 후설과 직접 부딪치는 것이 현상학을 이해하는 지름길이다(다음에 독서를 위한 참고문헌을 소개해놓았다).

꿈 세계의 현상학적 탐험은 이제 막 첫발을 떼었을 뿐이다.

독서를 위한 추천

이 책을 집필하는 데 의식적, 무의식적으로 참고한 문헌 중에서 독자에게 권할 만한 책을 중심으로 몇 권 뽑아보았다. 《꿈을 꾸는 뇌》(도리이 시즈오)처럼 본문에 확실히 인용한 문헌은 원칙적으로 생략했지만 본문에서 그 의의를 충분히 전달하지 못했다 싶은 주요 문헌은 다시 소개했다.(이하 모두 일본에서 출판된 책임_역자)

꿈 연구의 역사(1장)

- 호르헤 루이스 보르헤스, 《꿈의 책》(국서간행회, 1983)
  동서고금을 막론하고 꿈에 관한 글을 모은 《길가메시 서사시》의 읽기 쉬운 축약판도 수록되어 있다.
- 시부사와 다쓰히코, 《시부사와 다쓰히코 콜렉션 I 꿈의 형태》(가와데쇼보신샤, 1984)
- 야지마 후미오 역편, 《길가메시 서사시》(치쿠마학예문고, 1998)
- 아르테미드로스, 《꿈 해석의 서》(고쿠분샤, 1994)

꿈의 해석 과학(2장)

- 지그문트 프로이트, 《꿈의 해석(상 · 하)》(신초문고, 2005)
  꿈 과학사상의 최고봉. 해석 방법을 써놓았다는 점은 두말할 필요도 없지만 현상학적 관찰의 관점에서도 배울 점이 많다.

- 칼 G. 융 외,《인간과 상징(상 · 하)》(가와데쇼보신샤, 1975)

  융의 저서 중 유일하게 일반 독자에게 권할 만한 책이다.

- 신구 가즈시게,《꿈 분석》(이와나미신서, 2000)

  이 책에서는 다루지 못한 라캉의 정신분석에 의해 꿈을 해석한 책

꿈의 인지신경과학(3장, 5장~7장)

- 미셸 주베,《수면과 꿈》(기노쿠니야서점, 1997)

  강연집이지만 내용 면에서는 상당히 심도 있는 책이다.

- J. 앨런 홉슨,《꿈속을 헤매는 뇌-밤마다 마음은 어디로 가는가?》(아사히출판사, 2007)

  일본에 소개된 홉슨의 저서 중에서 유일하게 권할 만한 책이다.

- 기타하마 구니오,《사람은 왜 꿈을 꾸는가》(분슌신서, 2000)

  5장에서 소개한《뇌와 수면》의 저자가 일반 독자를 대상으로 쓴 책

- 호리 다다오 편저,《수면심리학》(기타오지쇼보, 2008)

  수면장애, 졸음의 평가 방법 등 이 책에서 다루지 못한 수많은 주제를 담고 있다. 일본 수면심리학 전반을 아카데믹한 영역에서 집대성했다.

꿈의 내용분석(4장)

- 다타라 미키하치로, 《꿈 분석의 실제-마음세계의 탐구》(소겐샤, 1979)
  저자는 프로이트파 정신분석가. 단편적이나마 일본에서 최초로 홀의 꿈 분석에 관한 내용이 실려 있다.

꿈의 진화이론(8장)

- 하세가와 도시카즈 · 하세가와 마리코, 《진화와 인간 행동》(도쿄대학출판회, 2000)
- 이시카와 마사토, 《잘 속는 사람이 살아남는다-입문! 진화심리학》(고분샤신서, 2010)

자각몽과 자기의식의 발달(9장)

- 《현대사상》, '특집 〈매트릭스〉의 사상' 2004년 1월호.
  본문에서 인용한 내 개인적인 에세이 외에 히루카와 다쓰(인류학)의 에세이가 〈매트릭스〉를 자각몽에 관련시켜 고찰한 것이다.
- 윌리엄 돔호프, 《꿈의 비법-세노이의 꿈 이론과 유토피아》(이와나미서점, 1991)
  꿈을 조종한다는 세노이족 신화를 파헤친 책. 저자인 돔호프는 홀의 뒤를 이어 꿈의 통계학적 연구의 중심이 된 인물로 이 책에서도 몇 차례 인용했다. 이 역서는 돔호프를 사회학자로 간주하고 꿈의 통계학적 연구자로서 돔호프의 위상을 명확히 밝히고 있지 않은 점이 아쉽다.

꿈의 현상학(10장)

꿈의 현상학에 관해 본문에 몇몇 번역된 문헌을 소개해두었지만 주제나 논지가 제각기 너무 독특해서, 이 책에서 꿈이라는 이계를 이계로 만들고 있는 고유의 구조를 규명하는 데 그다지 참고가 되지는 않았다.

내 연구에 가장 도움이 된 책은 후설 자신의 대표작인,

- 에드문트 후설, 《데카르트적 성찰》(이와나미문고, 2001)

이었다. 분량도 적고 오래전에 나온 번역서치고는 이해하기 아주 쉬운 책이다. 다만 후설에 전혀 익숙하지 않은 사람은 다음의 해설서를 읽어보기 바란다. 처음 2권이 초급용이고 다음 2권이 중급용이다.

- 다니 도루, 《이것이 현상학이다》(고단샤현대신서, 2002)
- 다케다 세이지, 《현상학입문》(NHK북스, 1989)
- 니시 켄, 《철학적 사고》(치쿠마학예문고, 2005)

• 다지마 사다오, 《후설》(고단샤학술문고, 1996)

또한 이 책을 교정하는 단계에서 접하게 된 다음 문헌은 꿈의 현상학의 각론으로 언급한 '시점' 문제를 발달심리학적 접근 방식으로 다룰 수 있는 가능성을 보여주기에 덧붙인다.

• 《부모와 자녀 간의 꿈에 관한 대화가 지닌 발달적 의미를 탐구하다》, 2006년~2009년도 과학연구비 보조금 연구성과 보고서(연구대표자 아사오 다케시, 2010)

마치며

바벨의 도서관으로부터

"광장의 소란을 뒤로하고 도서관으로 들어가다."

이 말은 아르헨티나의 시인인 호르헤 루이스 보르헤스의 대표작 《창조자》(鼓直 일어역, 1960) 첫머리에 나오는 시구이다. 나는 전부터 '도서관'을 '꿈'으로 바꾸어 생각해도 좋을 것 같았다. 한낮의 시끄러움을 등지고 밤마다 꿈이라는 바벨의 도서관에 들어가 온갖 책을 다 읽는 것이다.

바벨의 도서관이라고 하는 것도 보르헤스의 단편 중 하나인데, 이곳에는 무수히 많은 서가가 끝없이 진열되어 있고 논리적으로 가능한 모든 문자열의 조합으로 이루어진 책들이 보관되어 있다. 다시 말해서 바벨의 도서관에서는 논리적으로 가능한 책이라면 그 어떤 것도 찾아낼 수 있는 것이다.

또한 꿈 세계는 바벨의 도서관과 다름이 없다. 거기에서는 논리적으로 가능하다면 그 어떤 일도 실현이 가능하기 때문이다. 다만 꿈의 논리와 현실의 논리는 완전히 다르다. 완전히 다르기 때문에 인류는 꿈 세계에 쉽사리 풀리지 않는 수수께끼가 숨어 있음을 예감하고 문명 발상 이래로 수수께끼를 풀고자 다양한 방법론을 고안해왔다. 이 책의 부제를 '꿈 과학 4천 년의 물음과 답'이라고 한 것도 이들 방법론적인 탐구가 과학의 원천이 되었다고 생각하기 때문이다.

꿈의 탐구는 오로지 꿈만 탐구하는 것이 아니다. 그것은 필연적으로 인간 지성의 한계를 끝까지 밝혀내고자 하는 시도로 볼 수도 있다. 이제까지 고안되고 개척되어온 다양한 방법론적 연구와 영역을 총동원해야 하기 때문이다.

오래된 것으로는 기원전 2세기까지 거슬러 올라가면 그 원형을 찾을 수 있는 해석학적 방법이 있다. 이는 프로이트, 융에 의해 정교하게 다듬어져 집대성되었다(1장, 2장). 렘수면의 발견과 더불어 일약 꿈 연구의 주인공으로 발돋움한 인지신경과학적 방법에 있어서는 가장 앞선 연구 분야가 이미 분자생물학 영역까지 미치고 있다(3장, 5장~7장). 또한 렘수면의 발견과 거의 같은 시기에 시작된 꿈의 통계학적 연구는(4장), 크게 부각되지는 않았지만 꾸준히 데이터를 축적한 결과 꿈의 진화이론의 기초가 되었다(8장). 더 나아가 9장에서는 자각몽을 문화진화의 측면에서 고찰했다.

그리고 10장에서는 꿈의 현상학을 논했다. 이것은 꿈이 아닌 것을 통해서 꿈을 설명하는 것이 아니라 현상 세계와 대등한 하나의 세계로서 꿈 세계를 있는 그대로 보고 그 고유의 법칙을 탐구하려는 시도이다. 일본에서는 꿈의 현상학이 본격적인 궤도에 오르지 않은 현시점에서 이 책이 그 계기가 되기를 기대한다.

이처럼 꿈 과학은 문리를 아우르는 종합 과학이다. 가가쿠도진 편집부의 쓰루 다카아키 씨에게 집필을 권유받고 가장 먼저 떠오른 생각은 종합 과학인 꿈 과학의 전체 상을 역사적으로 그려내자는 계획이었다. 그런 큰일을 내가 잘 해낼 수 있을까 하는 불안에 늘 시달린데다 사실 집필 기간도 예정보다 훨씬 더 오래 걸리고 말았지만 집필을 끝내고 나니 스스로 말하기에는 좀 부끄럽지만 일본에서 역사상 유례가 없는 책이 되지 않았나 싶다. 한편 저자로서는 이 책을 처음부터 차례대로 읽어주기를 바라는 마음 간절하지만 각 장이 어느 정도 독립되어 있으니 아무 장이나 펼쳐 읽어도 쉽게 이해할 수 있을 것이다.

내가 꿈을 연구하기 시작한 것은 첫 부임지였던 고치대학 인문학부에서 학생들 세 명과 함께 홀이 시작한 꿈의 내용분석을 파고들었을 때였다(연구 결과를 학회에서 발표했으나 평이 몹시 좋지 않았다는 사실은 4장에서 언급한 바 있다).

그 뒤 도호대학 이학부로 자리를 옮기고 나서는 규모가 작으나마 수면 실험실을 운영할 수 있게 되어 자각몽 실험에 뛰어들었다. 그때

거의 해마다 졸업논문 연구차 교양과 심리학교실에 와주고 함께 실험에 임해준 이학부 학생 모두에게 감사의 말을 전한다. 2005년도부터는 교양과에서 이학부에 신설된 생명권환경과학과로 이적하고 수면 실험실도 환경심리학 실험실로 탈바꿈시켰다. 신설 학과라서 바빴던 이유가 작용하여 자각몽 연구는 개점휴업 상태가 되었지만 10장에 언급했다시피 개인 블로그를 가상 실험실로 삼아 꿈의 현상학 연구에 착수했다.

나쓰메 소세키, 마사오카 시키와 친분이 있었던 메이지 시대의 박물학자 미나카타 구마구스는 '나는 여러 해 동안 꿈을 연구하고 있다. 돈도 그 무엇도 필요치 않은 연구라서 흥미롭다.'(시부사와 다쓰히코, 《꿈의 형태》)라는 말을 남겼다. 꿈 연구는 꿈꾸는 능력만 있으면 누구나 할 수 있는 연구가 있는가 하면, 이 책 6장에서 다루었듯이 PET 등 최신 뇌 영상 기술을 활용한 연구도 있을 만큼 무척 다양하고 다채로운 연구가 가능하다는 매력이 있다. 이 책이 여러 분야의 사람들에게 읽혀서 꿈이라는 '제2의 인생'(네르발)에 대한 관심이 높아지기를 바란다.

가가쿠도진의 쓰루 다카아키 씨에게는 신세를 정말 많이 졌다. 아울러 이 책의 꿈 사례를 제공해준 고치대학과 도호대학의 학생 · 졸업생들에게 감사의 말을 전하고 싶다.

미주 목록

1) デーらィッド・ハフォード,《夜に訪れる恐怖—北米の金縛り体験に関する実証的研究》(福田・竹内・和田 共譯), 川島書店(1998).

2) アンリ・エレンベルガー,《無意識の発見(上)》(木村敏 外 鑑譯), 弘文堂(1980), pp.351-356.

3) 국내에는《인간과 상징》(이윤기 역, 열린책들, 2009)으로 출판되었다_역자

4) 上山安敏,《フロイトとユング—精神分析運動とヨーロッパ知識社会》, 岩波モダンクラシックス(2007).

5) C. G. ユング,《夢分析の必要性》(高橋義孝 譯), 日本教文社(1961).

6) エーリッヒ・フロム,《夢の精神分析》(外林大作 譯), 東京創元社(1971).

7) J. アラン・ホブソン,《夢見る脳》(井上昌次郎 譯), どうぶつ社(1992), p.63.

8) フロイト,《精神分析入門》(懸田克躬 譯), 中公クラシックス(2001).

9) 鳥居鎮夫,《夢を見る脳》, 中央公論社(1987), p.149.

10) Foulkes and Vogel, "Mental activity at sleep onset," *Journal of Abnormal Psychology, 70,* pp.231-243(1965).

11) Takeuchi, T., Miyasita, A., Inugami, M., & Yamamoto, Y., "Intrinsic dreams are not produced without REM sleep mechanisms," *Journal of Sleep Research, 10,* pp.43-52(2001).

12) 鈴木博之・久我隆一・内山真, "超短時間睡眠 覚醒スケジュールを用いた睡眠状態と夢見体験の検討",《生理心理学と精神生理学》, 20, pp.19-28(2002).

13) 鈴木博之, "睡眠中の情報処理",《生理心理学と精神生理学》, 25, pp.17-34(2007).

14) 竹尾生気, "睡眠時の生理学的指標と夢体験",《精神神経学雑誌》, 72, pp.1-18(1970).

15) デメント,《スリープ・ウォッチャー》.

16) Hall, C. S. & Van de Castle, R., "The Content Analysis of Dreams", Harper & Row(1966).

17) C. S. ホール, R. E. リンド,《カフカの夢》(外林大作 譯), 誠信書房(1976).

18) 국내에는《꿈꾸는 뇌의 비밀》(지식의 숲, 2006)로 출판되었다_역자

19) Hall, C. S. "A cognitive theory of dream symbols", *Journal of General Psychology, 48,* pp.169-186(1953); "A cognitive theory of dreams", *Journal of General Psychology, 49,* pp.273-282(1953).

20) メラニー・クライン,《妄想的・分裂的世界 メラニー・クライン著作集4》(小此木啓吳

· 岩崎徹也 編譯), 誠信書房(1985).

21) Hall, C. S., Domhoff, G. W., Blick, K. A. & Weesner, K. E., "The dreams of college men and women in 1950 and 1980: A comparison of dream contents and sex differences", *Journal of Sleep Research & Sleep Medicine, 5(2),* pp.188-194(1982).

22) ケリー&パトリシア・バルクリー,《死のまぎわに見る夢》(秋田恭子・木村和子 譯), 講談社(2006).

23) 北浜邦夫,《脳と睡眠》, 朝倉書店(2009).

24) ミシェル・ジュヴェ,《睡眠と夢》(北浜邦夫 譯), 紀伊國屋書店(1999).

25) 北浜邦夫,《脳と睡眠》, pp.115~116.

26) 北浜邦夫,《脳と睡眠》, p.117.

27) アンドレア・ロック,《脳は眠らない―夢を生み出す脳のしくみ》(伊藤和子 譯), 講談社(2006), pp.42~43.

28) 北浜邦夫,《脳と睡眠》, p.127.

29) Hobson, J. A., McCarley, R. W., "The brain as a dream state generator: An activation-synthesis hypothesis of the dream process", *American Journal of Psychiatry, 134(12),* pp.1335-1348(1977).

30) アンドレア・ロック,《脳は眠らない》, p.47도 참조.

31) Crick, Francis, & Michison, G. "The function of dream sleep", *Nature, 304(14),* pp.111-114(1983).

32) 원제는 *Astonishing Hypothesis: The Scientific Search for the Soul.* 국내에는《놀라운 가설—영혼에 관한 과학적 탐구》(궁리출판, 2015)로 출판되었다_역자

33) 辛島彰洋・片山統裕・中尾光之, "レム睡眠中の海馬の機能",《Brain Medical》, 18(1), pp.80-86(2006).

34)《日経サイエンス》, 1991年 1月號, pp.46~54.

35)《日経サイエンス》, 1991년 1月號, p.53.

36)《日経サイエンス》, 1991년 1月號, p.53.

37) ピネル,《バイオサイコロジー》, p.218.

38) Louie, K. and Wilson, M.A., "Temporally structured replay of awake hippocampal ensemble activity during rapid eye movement sleep", *Neuron, 29,* pp.145-156(2001).

39) 辛島彰洋・片山統裕・中尾光之, "レム睡眠中の海馬の機能",《Brain Medical》18(1), pp.80-86(2006).

40) 高橋和, "睡眠による脳の回復, 記憶の固定, 情報処理の検討",《平成16年度東邦大学理学部物理学科卒業研究報告》, 2005, 未公刊.

41) Mednick, S., Nakayama, K. & Stickgold, R., "Sleep-dependent learning: a nap is as good as a night", *Nature Neuroscience, 6(7)*, pp.697-698(2003).

42) G. A. ミラー,《心理学への情報科学的アプローチ》(高田洋一郎 譯), 培風館(1972).

43) Stickgold, R., "Sleep-dependent memory consolidation", *Nature, 437*, pp.1272-1278(2005).

44) 鈴木博之 · 内山真, "睡眠と記憶向上", *Brain Medical, 18(1)*, pp.73-79(2006).

45) Stickgold(2005), p.1274.

46) Kuriyama, K., Stickgold. R., &Walker, M. P., "Sleep-dependent learning and motor-skill complexity", *Learn. Mem., 11,* pp.705-713(2004).

47) Gais, S., Molle, M., Helms, K., & Born, J., "Learning-Dependent Increases in Sleep Spindle Density", *The Journal of Neuroscience, 22(15)*, pp.6830-6834(2002).

48) Wagner, U., Gais, S., & Born, J., "Emotional memory formation is enhanced across sleep intervals with high amounts of rapid eye movement sleep", *Learn. Mem., 8,* pp.112-119(2001).

49) Maquet, P., Peters, J. M., Aerts, J. et al., "Functional neuroanatomy of human rapid-eye-movement sleep and dreaming", *Nature, 383,* pp.163-166(1996).

50) 예를 들면 Vertes, R. P. & Siegel, J. M., "Time for the sleep community to take a critical look at the purported role of sleep in memory processing", *Sleep, 28(10),* pp.1228-1229(2005).

51) ロック,《脳は眠らない》, pp.127-128.

52) サルトル,《想像力の問題》(平井哲之 譯), 人文書院(1955).

53) Nielsen, T.A. & Sternstrom, P., "What are the memory sources of dreaming?", Nature, 437(27), 1286-1289(2005); Nielsen, T.A., "Chronobiological features of dream production", *Sleep Med. Rev., 8,* pp.403-424(2004).

54) Foss, M., Foss, R., Hobson, J.A. & Stickgold, R., "Dreaming and episodic memory: a functional dissociation?", *J. Cogn. Neuroscience, 15,* pp.1-9(2003).

55) Nielsen & Sternstrom(2005), p.1287.

56) 원제는 *Le Chateau des Songes.* 국내에는《꿈도둑》(아침이슬, 2009)으로 출판되었다_역자

57) Hobson, J. A., "Sleep is of the brain, by the brain and for the brain", *Nature, 437(27),* pp.1254-1257(2005).

58) 원제는 Dreaming.

59) Revonsuo, A., "The reinterpretation of dreams: an evolutionary hypothesis of the function of dreaming", *Behavioral and Brain Science, 23(6),* pp.877-917(2000).

60) Tooby, J. & Cosmides, L., "Evolutionary psychology and the generation of culture. Part Ⅰ: Theoretical consideration", *Ethol. Sociobiol., 10,* pp.29-49(1989).

61) E. O. Wilson, *Sociobiology: The New Synthesis*(1975), *On Human Nature*(1978). 국내에는 《사회생물학(1, 2)》, (민음사, 1992); 《인간 본성에 대하여》(사이언스북스, 2000)로 출판되었다_역자

62) ニコラス・ハンフリー, 《内なる目》(垂水雄二 譯), 紀伊國屋書店(1993). 국내에는 《감정의 도서관》(이제이북스, 2003)으로 출판되었다_역자

63) スティーヴン・ラバージ, 《明晰夢》(大林正博 譯), 春秋社(1998).

64) 渡辺恒夫・蛭川立, "明晰夢の心理的条件と心理生理学的実証", 《日本心理学会第65会大会発表論文集》, 43(2001); Watanabe, T., "Lucid Dreaming: Its experimental proof and psychological condition", *Journal of International Society of Life Information Science, 21,* pp.159-162(2003).

65) 渡辺恒夫, "明晰夢・転生・死", 《現代思想》, 2004年 1月號.

66) 松沢哲郎, 《チンパンジーの世界》, 岩波書店(1998).

67) 渡辺恒夫・高石恭子 編, 《'私'という謎—自我体験の心理学》, 新曜社(2004).

68) Descartes, R., "Meditationes de prima philosophia", Vrin(1641/1967).

69) 蛭川立, 《彼岸の時間》, 春秋社(2002).

70) クラウス・コンラート, 《分裂病のはじまり》(山口直彦 外 譯), 岩崎学術出版社(1997).

71) 渡辺恒夫, 《自我体験と独我論的体験》, 北大路書房(2009).

72) Craig, P. E., Dreaming, Reality and Illusion: An existential-phenomenological inquiry. in van Zuuren, F., Wertz, F., and Mook. C., "Advances in Qualitative Psychology", Swets & Zeitlinger, pp.115-136(1987).

꿈 과학 4천년의 물음과 답

사람은 왜 꿈을 꾸는가

초판 1쇄 인쇄 2017년 7월 20일
초판 1쇄 발행 2017년 7월 25일

지은이 와타나베 쓰네오
옮긴이 홍주영

발행인 양문형
펴낸곳 끌레마
등록번호 제313-2008-31호
주소 서울시 종로구 대학로14길 21(혜화동) 민재빌딩 4층
전화 02-3142-2887 팩스 02-3142-4006
이메일 yhtak@clema.co.kr

ISBN 978-89-94081-79-3 (03180)

• 값은 뒤표지에 표기되어 있습니다.
• 제본이나 인쇄가 잘못된 책은 바꿔드립니다.

이 도서의 국립중앙도서관 출판시도서목록(CIP)은 서지정보유통지원시스템 홈페이지(http://seoji.nl.go.kr)와 국가자료공동목록시스템(http://www.nl.go.kr/kolisnet)에서 이용하실 수 있습니다.(CIP제어번호: CIP2017015173)

한국출판문화산업진흥원의 출판콘텐츠 창작지금을 지원받아 제작되었습니다.